Training
Französische
Grammatik

Sekundarstufe II

Beilage: Lösungsheft

Von Monique Kramer-Litwin

Ernst Klett Verlag
Stuttgart Düsseldorf Leipzig

Die Deutsche Bibliothek – CIP-Einheitsaufnahme

Kramer-Litwin, Monique:
Training französische Grammatik :
Sekundarstufe II / von Monique Kramer-Litwin. –
12. Aufl. – Stuttgart ; Düsseldorf ; Leipzig : Klett, 1999
    ISBN 3-12-922142-5

Gedruckt auf Papier, das aus chlorfrei gebleichtem Zellstoff hergestellt wurde.

12. Auflage 1999
Alle Rechte vorbehalten
Fotomechanische Wiedergabe nur mit Genehmigung des Verlages
© Ernst Klett Verlag für Wissen und Bildung GmbH, Stuttgart 1985
Internetadresse: http://www.klett-verlag.de/klett-lerntraining
Satz: G. Müller, Heilbronn
Druck: Wilhelm Röck, Weinsberg. Printed in Germany
Einbandgestaltung: Bayerl & Ost, Frankfurt/M.
ISBN 3-12-922142-5

Inhalt

Vorwort 7

Der Artikel 9
Überprüfen Sie Ihren Wissensstand 9
Grammatikregeln:
§ 1 Der bestimmte Artikel 10
§ 2 Der unbestimmte Artikel 12
§ 3 Der Partitiv 12
§ 4 Der Artikel bei Mengenbegriffen («de» partitif) 13
§ 5 Der Artikel in verneinten Sätzen 14
§ 6 Der Artikel in festen Wendungen und nach Präpositionen ... 14
Übungen 16

Das Nomen 20
§ 7 Das Geschlecht der Nomen 20
Grammatikregeln 20
Übungen 24

§ 8 Der Plural der Nomen 28
Überprüfen Sie Ihren Wissensstand 28
Grammatikregeln 28
Übungen 31

Die Begleiter und Pronomen 33
Grammatikregeln:
§ 9 Die Demonstrativbegleiter 33
§ 10 Die Demonstrativpronomen 33
Übungen 35

Grammatikregeln:
§ 11 Die Possessivbegleiter 36
§ 12 Die Possessivpronomen 37
Übungen 37

§ 13 Die Relativpronomen 38
Grammatikregeln 38
Übungen 41

Grammatikregeln:
§ 14 Die indefiniten Begleiter 43
§ 15 Die indefiniten Pronomen 43
Übungen 45

Grammatikregeln:
§ 16 Die verbundenen Personalpronomen 47
§ 17 Die unverbundenen Personalpronomen 47
§ 18 Die Reflexivpronomen 48
§ 19 Die Pronominaladverbien «y» und «en» 48
§ 20 Die Stellung der Objektpronomen beim Verb 49
Übungen 51

Überprüfen Sie Ihren Wissensstand (§ 21 und § 22) 54
Grammatikregeln:
§ 21 Die Interrogativbegleiter 54
§ 22 Die Interrogativpronomen 55
Übungen 56

Das Adjektiv 58
Grammatikregeln:
§ 23 Die Veränderlichkeit des Adjektivs 58
§ 24 Die Stellung des attributiven Adjektivs 60
§ 25 Die Vergleichsformen des Adjektivs 61
Übungen 62

Das Adverb 64
Grammatikregeln:
§ 26 Die Bildung der abgeleiteten Adverbien 64
§ 27 Die Stellung der Adverbien beim Verb 65
§ 28 Die Vergleichsformen des Adverbs 65
§ 29 Adjektiv statt Adverb 66
Übungen 66

Die Zeiten des Verbs 69
Überprüfen Sie Ihren Wissensstand (§ 30 und § 31) 69
Grammatikregeln:
§ 30 passé composé 69
§ 31 Die Veränderlichkeit des Partizip Perfekts 71
Übungen 73

§ 32 und § 33: imparfait und passé composé 76
Überprüfen Sie Ihren Wissensstand 76
Grammatikregeln 76
Übungen 78

§ 34 plus-que-parfait und passé antérieur 80
Grammatikregeln 80
Übungen 81

Grammatikregeln:
§ 35 futur simple und futur composé 81
§ 36 futur antérieur 81
§ 37 conditionnel 82
Übungen 82

Die Bedingungssätze 83
Überprüfen Sie Ihren Wissensstand 83
§ 38 Die Bedingungssätze und das Konditional als Modus 84
Grammatikregeln 84
Übungen 85

Die indirekte Rede 87
Überprüfen Sie Ihren Wissensstand 87
Grammatikregeln:
§ 39 Aussagesätze 88
§ 40 Fragesätze 89
Übungen 90

Der Konjunktiv 93
Grammatikregeln:
§ 41 Die Bildung des Konjunktivs 93
§ 42 Der Gebrauch des Konjunktivs 93
Übungen 96

Das Partizip Präsens, das Verbaladjektiv und das gérondif 98
Grammatikregeln:
§ 43 Die Bildung des Partizip Präsens 98
§ 44 Der Gebrauch des Partizip Präsens 98
§ 45 Das Verbaladjektiv 99
§ 46 Die Bildung des gérondif 99
§ 47 Der Gebrauch des gérondif 99
Übungen 100

Konjunktionen und Präpositionen 103
§ 48 Konjunktionen mit subjonctif/indicatif
und entsprechende Präpositionen
Grammatikregeln 103
Übungen 105

§ 49 Andere häufige Präpositionen (und Gallizismen)
Grammatikregeln 107
Übungen 111

Verben mit Infinitiv 114
Grammatikregeln:
§ 50 Verben mit reinem Infinitiv 114
§ 51 Verben mit dem Infinitiv mit «à» 116
§ 52 Verben mit dem Infinitiv mit «de» 118
§ 53 Einige wichtige Verben mit unterschiedlicher Infinitivergänzung 120
Übungen 121

Vorwort

„Training Französische Grammatik Sekundarstufe II" ist ein Lern-, Wiederholungs- und Übungsbuch für die gymnasiale Oberstufe, das sowohl zum Selbststudium als auch im Unterricht verwendet werden kann.
Es ist vom Inhalt und Aufbau her an kein bestimmtes Lehrwerk der Mittel- oder Oberstufe gebunden, sondern bildet in sich einen abgeschlossenen Kurs.
Es behandelt Probleme, die erfahrungsgemäß Schwierigkeiten bereiten. Deshalb sind im Lern- und Regelteil sprachliche Erscheinungen, die selten zu Fehlern führen, nur kurz abgehandelt, während fehlerträchtige Probleme ausführlich dargelegt werden.
Einem oder mehreren *Beispielen* steht jeweils die daraus abgeleitete *Regel* gegenüber, d. h. alle behandelten Formen und Strukturen werden in kurzen Sätzen im Kontext dargeboten, um die Regel zu illustrieren. Dies dient der besseren Einprägung und der Vertiefung des Verständnisses. Der *Übungsteil* ist speziell auf die Regeln abgestimmt, so daß alle angeführten Probleme eingeübt und überprüft werden. Um dabei den vorgegebenen Umfang des Buches nicht zu überschreiten war es notwendig, auf Einzelsätze oder kürzere Situationen zurückzugreifen, da beispielsweise literarische Originaltexte die behandelten sprachlichen Erscheinungen nicht in der Dichte bringen können, die zur Einübung und Festigung auf jeweils wenigen Seiten erforderlich ist.
Die Anordnung der Übungen direkt nach den Regeln erübrigt ein ständiges Suchen und Blättern in zwei getrennten Teilen oder gar mehreren Büchern. Dies ist besonders in der Einübungs- und Festigungsphase praktisch, da bei Unsicherheiten die Regeln schnell gefunden werden können.
Das gesamte Regelwerk ist auf Deutsch abgefaßt, um ein sicheres und leichtes Verstehen zu gewährleisten. Sämtliche Übungsanleitungen dagegen erscheinen in Französisch. Einigen Kapiteln bzw. Unterabteilungen ist ein *Test* vorgeschaltet („Überprüfen Sie Ihren Wisssensstand"). Der Vergleich mit den Lösungen zeigt auf einen Blick, inwieweit die betreffende sprachliche Erscheinung noch beherrscht wird. Die Spalte «références» verweist auf die Paragraphen des Regelwerks, die das jeweilige Problem behandeln. Damit wird eine individuelle Fehlerbehebung und Auffrischung der Regeln gewährleistet.
Als Übungsformen stehen lernsichere Umformungs-, Einsetz- und Angleichungsübungen im Vordergrund. Jedoch sind vielen Kapiteln auch (meist leichtere) Übersetzungssätze beigefügt, die zwar im Vergleich zu den anderen Übungsformen vom Lernenden erheblich mehr Wissen erfordern, ihn dadurch aber auch mehr fördern und ihn bei der Überprüfung der Richtigkeit anhand des *Lösungsheftes* auf noch bestehende Lücken oder auf Eigenheiten der französischen Sprache hinweisen.

Zum Schluß noch ein praktischer Tip: die Lösungen sollten nicht ins Buch, sondern immer (numeriert) auf ein Blatt/in ein Heft geschrieben werden, damit das Buch für *mehrere* Durchgänge benutzt werden kann. Denn nur Übung macht den Meister. Ein Vergleich der einzelnen Lösungsblätter zeigt dann auch (hoffentlich!) den motivierenden Fortschritt.

Und nun viel Erfolg bei der Arbeit.

Der Artikel

(L'article)

Überprüfen Sie Ihren Wissensstand.

Mettez l'article défini, indéfini, partitif si nécessaire:

références

1. Rapporte-moi ..... kilo ..... pêches.	§ 2 / § 4
2. Il aime ..... voyages.	§ 3
3. Il n'a pas beaucoup ..... connaissances en mathématiques.	§ 4.2
4. On va prendre ..... pot ensemble?	§ 2
5. J'ai bien dîné, mais je n'ai pas bu ..... alcool.	§ 5.3
6. Aimes-tu ..... petits pains aux raisins?	§ 3
7. J'ai acheté ..... croissants et	§ 2.1
..... pains au lait.	§ 2.1
8. Nous n'avons pas ..... animaux,	§ 5.2
mais nous aimerions avoir ..... chat.	§ 2
9. Prête-moi ta raquette ..... tennis.	§ 1.3.3
10. Cette ancienne élève est maintenant ..... secrétaire bilingue.	§ 1.3.1
11. Elle fait pas mal ..... natation,	§ 4.2
mais très peu ..... sport en général.	§ 4.2
12. Il faut ..... persévérance (Ausdauer) dans ce métier.	§ 3
13. Je prends une glace garnie ..... fruits au sirop.	§ 6.1
14. L'été dernier, nous sommes allés ..... Portugal	§ 1.2.3
et ..... Espagne.	§ 1.2.3

Grammatikregeln

§1 Der bestimmte Artikel (l'article défini)

Formen:	le (l')	de + le → du	à + le → au
	la (l')		
	les	de + les → des	à + les → aux

Gebrauch:
1. Im Französischen – wie im Deutschen – **steht der bestimmte Artikel** bei Nomen,

Sur la table il y a un **vase:** va poser **le vase** sur le buffet.	1. die schon erwähnt wurden
Regardez, **le soleil** va disparaître tout de suite.	2. die einmalige Dinge oder Personen bezeichnen
C'est **la pipe de** mon oncle.	3. die durch eine Ergänzung näher bestimmt sind.

2. Abweichend vom Deutschen **steht der bestimmte Artikel**

Nous avons invité **les Durand.**	1. vor Familiennamen im Plural
le colonel Garnier le docteur Rochard Mes hommages, monsieur le Ministre. **Aber:** Bonjour, docteur/maître.	2. vor Titel + Personennamen, auch in der Anrede nach monsieur + Titel
l'Europe, la France, la Seine, l'Alsace, la Bretagne, la Suisse, le Luxembourg etc.	3. vor geographischen Bezeichnungen **Beachte:**
Il nous a écrit **de France.** Nous irons **en Angleterre.**	de en } + **weiblicher** Ländername
Il nous a écrit **du Brésil.** Nous irons **au Portugal.**	du au } + **männlicher** Ländername

Le samedi, il va toujours à la discothèque. (jeden Samstag) Aber: Samedi dernier, il n'y est pas allé.	4. vor Wochentagen, wenn die Regelmäßigkeit oder Gewohnheit ausgedrückt wird (montags etc.) Aber: Beim letzten oder kommenden (Montag etc.) steht kein Artikel.
Le chien est l'ennemi du chat. Les hommes sont supérieurs aux animaux.	5. vor Nomen, die eine Gattung bezeichnen
Le riz est un aliment nutritif. Il ne supporte pas l'alcool. Le sommeil et le repos sont nécessaires à la santé.	6. vor Stoffnamen und abstrakten Begriffen

3. **Der bestimmte Artikel steht nicht**

Il est coiffeur et sa femme est esthéticienne.	1. bei Nomen, die als prädikative Ergänzung stehen
Mme Michelet, avocate à Tours, doit se rendre à Paris.	2. bei Appositionen
un jet d'eau une grappe de raisin une place de théâtre etc.	3. zwischen zwei Substantiven, die durch eine Präposition verbunden und zu einem Begriff geworden sind.

Beachte:
Bei einer Aufzählung von Substantiven muß der Artikel **vor jedem** Substantiv **wiederholt** werden:
J'ai vu **les** montagnes, **les** vallées et **les** torrents des Pyrénées.

§2 Der unbestimmte Artikel (l'article indéfini)

Formen: un
une
des

Gebrauch:
Der Gebrauch im Plural ist abweichend vom Deutschen.

Maman prépare **des escalopes**. Michel fait cuire **des pâtes**.	1. **Im Plural** bezeichnet er eine **unbestimmte Menge zählbarer Dinge**. Im Deutschen: kein Artikel („Nullartikel")
Nous avons cueilli **des gros raisins**. Nous avons cueilli **de gros raisins**. Nous avons rencontré **des jeunes filles**. As-tu rapporté **des petits pains**?	2. Vor der **Gruppe Adjektiv + Nomen** steht im Plural a) des + Adjektiv + Nomen (gesprochene Sprache) b) de + Adjektiv + Nomen (gehobene und geschriebene Sprache) c) des + fester Begriff wie des jeunes filles: Mädchen des petits pains: Brötchen etc.

§3 Der Partitiv (l'article partitif)

Formen: du (de l')
de la (de l')

Gebrauch:
Der Partitiv steht bei Nomen, die **neu** im Text eingeführt werden und die **nicht zählbare** Dinge bezeichnen

Verse-moi encore **du café**. Veux-tu **de la confiture**?	unbestimmte Menge eines Stoffes Im Deutschen: Nullartikel
Il m'a fallu **du sang-froid** pour rester calme. Elle fait **de la danse** classique.	abstrakte Begriffe, die nicht als Allgemeinbegriffe verwendet werden. Im Deutschen: Nullartikel

Beachte:
Nach «aimer (mieux)» und «préférer» können, mit Bedeutungsunterschied, sowohl der Partitiv als auch der bestimmte Artikel stehen.

| Partitiv:
Que préfères-tu, **du** chocolat chaud ou **du** lait froid?
Je préférerais/aimerais mieux **du** chocolat chaud.

bestimmter Artikel:
Je préfère/j'aime **le** chocolat chaud. | Partitiv:
Was hast du **jetzt, in diesem Augenblick, in dieser Situation** lieber?

ich mag lieber/gern…
im allgemeinen |

§4 Der Artikel bei Mengenbegriffen («de» partitif)

Nach Ausdrücken, die die Menge näher bestimmen, steht **de + Nomen ohne Artikel**. Solche Mengenbegriffe sind:

une foule de spectateurs une poignée de terre un tas de sable une boîte de biscuits un verre de lait	1. **Nominalgruppen:** une foule de, une poignée de, un tas de, une boîte de, un verre de, une bouteille de, une caisse de etc. Zählbare Dinge stehen im Plural.
assez de travail beaucoup de bêtises trop d'enfants combien de temps	2. **Adverbien der Menge:** assez de, peu de, beaucoup de, combien de, trop de etc. Zählbare Dinge stehen im Plural.
La plupart des élèves **passent** dans la classe supérieure. Voilà **bien des** cadeaux! **Le cinquième de la** population…	**Beachte:** Nach «la plupart, bien (= sehr viele), la moitié, le tiers, le quart» etc. steht «de» + Artikel

§5 Der Artikel in verneinten Sätzen

Tu vois **le** résultat? Non, je ne vois **pas le** résultat.	1. der bestimmte Artikel bleibt
Tu attends **des** amis? Non, je n'attends **pas d'**amis.	2. der unbestimmte Artikel wird zu «de»
Tu as encore **du** thé? Non, je n'ai **plus de** thé.	3. der Partitiv wird zu «de»
C'est **une** fille? Non, ce **n'est pas une** fille. Ce sont **des** enfants? Non, ce **ne sont pas des** enfants.	**Beachte:** Nach verneintem **être** treten **keine Veränderungen** auf.

§6 Der Artikel in festen Wendungen und nach Präpositionen

Êtes-vous **sans argent**? Il mène une vie **sans problèmes**. Le salon est **garni d'objets** rustiques.	1. Nach den Präpositionen «**sans**» und «**de**» stehen **weder Partitiv noch unbestimmter Artikel Plural**.
avoir { les cheveux longs les dents bien plantées les yeux marron	2. In einer Reihe von Gallizismen **steht der bestimmte Artikel**.
avoir { le temps de + Infinitiv le téléphone/le gaz	
avoir { faim/soif chaud/froid besoin de envie de peur honte tort bonne/mauvaise mine	3. Nach einigen festen Wendungen **steht kein Artikel**. Hier die Auflistung der wichtigsten.
prendre { feu garde fin possession de qc	

rendre { compte / justice / service

demander pardon
trouver moyen de faire qc

faire { peur / pitié / tort / plaisir / fortune / part de qc à qn / attention / défaut (jdm. fehlen) / erreur

perdre { courage / haleine / connaissance / patience

donner { ordre de faire qc. / tort à qn / raison à qn

porter { bonheur / malheur

Übungen

I. Mettez l'article défini, indéfini ou partitif si nécessaire:

Une vocation de médecin

1. Dis-moi, Mathieu, que veux-tu faire plus tard?
2. Je serai ..... médecin.
3. C'est ..... belle profession, mais pourquoi l'as-tu choisie?
4. Parce que je gagnerai beaucoup ..... argent et pourrai m'acheter un tas ..... choses.
5. C'est ..... seule raison? Il faut aussi ..... qualités pour devenir ..... médecin: ..... dévouement, ... patience, ... endurance, ... bonne santé.
6. Bien sûr. Ce n'est pas seulement ..... argent qui m'attire. J'aimerais soigner ..... gens ou aller chez ..... malades qui ne peuvent pas se déplacer. C'est ..... métier où on peut toujours rendre ..... service et faire ..... plaisir. Quand on aura ..... besoin de moi, je trouverai toujours ..... moyen d'aider.
7. Auras-tu encore ..... temps de sortir avec ta femme et de prendre ..... part à ..... vie de famille? Et si tu as ..... envie de jouer ..... tennis, tu devras d'abord penser ..... malades.
8. Tu as ..... tort de penser ainsi. Je ferai ..... attention à ce que ..... travail ne prenne pas ..... trop grande place dans ma vie.
9. Je crois que tu ne te rends pas ..... compte de ce qu'est ..... vie de ..... médecin. Je ne veux pas te faire ..... peur, mais j'ai ..... bons copains dont ..... père est ..... chirurgien. Ils se plaignent de ne jamais le voir et de passer la plupart ..... jours fériés sans ..... grand plaisir, car il n'y a que ..... mère qui soit à ..... maison.
10. Je ne veux pas donner ..... tort à ..... père de tes amis, mais il a peut-être trop ..... clients et travaille à perdre ..... haleine. J'essaierai de concilier les deux: ..... travail et ..... famille.

Des vacances réussies

1. Alain, parle-moi de tes vacances. Il paraît que c'était formidable!
2. Ça, tu peux le dire. ..... hôtel où nous avons passé quinze jours est super. Il est construit en bordure de ..... plage Ste. Marguerite. Il faut juste traverser ..... vaste pelouse où ..... estivants sont couchés sur ..... lits roulants.
3. Est-ce qu'il y a aussi ..... piscine ..... eau douce?
4. Oui, devant ..... salle de restaurant. Après ..... petit déjeuner on pourrait se jeter à ..... eau si on ne mangeait pas tant ..... choses.
5. Qu'est-ce qu'il y a à ..... petit déjeuner?
6. C'est ..... buffet froid et chaud. On peut choisir ..... boisson qu'on préfère. Il y a ..... thé, ... café, ... chocolat, ... jus d'orange et même ..... citrons pressés.

7. Et qu'est-ce qu'il y a à manger?
8. ..... petits pains, ... croissants, ... gâteaux secs, ... beurre, ... miel, ... confiture; mais depuis un an, on ne peut plus avoir ..... œufs sur le plat ni ..... saucisses chaudes; ..... gens se servaient trop bien et ..... patron a décidé de préparer moins ..... sortes de mets.
9. Combien ..... tasses ..... chocolat peut-on boire?
10. Tu bois ..... litre ..... chocolat si tu en as ..... envie! Mais laisse-moi te parler de ..... discothèque qui est toute garnie de ..... fauteuils bleus et éclairée de ..... lumières multicolores. Le bar est sans ..... boissons alcoolisées mais ça ne gêne pas ..... jeunes qui veulent danser. ..... essentiel, c'est que ..... musique soit bonne.
11. Est-ce que tu as trouvé ..... petite amie, la-bàs?
12. Oui, ... Hollandaise très mignonne qui avait ..... peau bien bronzée et qui connaissait énormément ..... mots en allemand. Seulement je n'avais pas assez ..... argent de poche pour lui offrir ..... coca, alors elle a préféré sortir avec ..... Français qui avait toujours pas mal ..... fric sur lui.
13. Tu n'as pas eu ..... chance, mais ce sont quand même ..... vacances comme j'aimerais en passer.

II. Mettez l'article défini, indéfini, partitif selon le cas:

1. Nous avons acheté ..... fruits: ..... livre ..... pommes et ..... kilo ..... poires.
2. Nous n'avons pas pris ..... bananes. Elles n'étaient plus bonnes.
3. Avec cette grippe la moitié ..... élèves est malade et la plupart ..... professeurs aussi.
4. Va chercher une bouteille ..... jus de cassis.
5. Ils ont rapporté une quantité ..... coquillages et énormément ..... algues séchées.
6. Ses amis ont déjà visité toute ..... Europe: ..... France, ... Italie, ... Grèce, ... Turquie, ... Danemark, ... Benelux et beaucoup ..... autres pays encore.
7. Mais c'est très bien, ainsi ils savent comment vivent les gens («in») ..... France, ... Italie, ... Grèce, ... Turquie, ... Danemark, ... Benelux, dans toute ..... Europe, quoi!
8. Au cours du vol, nous avions ..... vue magnifique sur ..... montagnes, ... vallées, ... forêts, ... fleuves, ... villes, sur tout ..... paysage.
9. Pourrais-je avoir ..... rendez-vous chez ..... maître Diguet?
10. Tu devrais inviter ..... Martinon; ils sont très sympathiques.
11. Quand nous irons à Paris, nous ferons ..... promenade en bateau-mouche sur ..... Seine.

12. Il te faudra ..... résistance physique pour pratiquer ce sport.
13. Regarde, j'ai rapporté ..... petits fours (= feines Teegebäck).
14. On pourrait garnir la table de ..... bouquets, ce serait plus joli.
15. ..... chien est le compagnon fidèle de ..... homme.
16. En voyant ce vagabond, j'ai éprouvé ..... pitié.
17. Je ne supporte pas ..... café, aussi vais-je prendre ..... thé.
18. Peux-tu me conseiller ..... bons romans?
19. Pour adhérer à ce club, il faut une carte ..... membre.
20. Que font Bernard et sa femme? – Lui est ..... dentiste, elle est ..... assistante médicale.

III. Traduisez:

1. Ich mag Topfpflanzen nicht, bring mir Blumen mit.
2. Was haben Sie von Marokko mitgebracht?
3. Teigwaren sind das Nationalgericht (le plat national) der Italiener.
4. Mittwochs gehe ich immer einkaufen.
5. Am kommenden Freitag werde ich ins Kino gehen.
6. Diese Kollegen haben ein Jahr in Argentinien verbracht.
7. Nehmen Sie noch ein Glas Wein?
8. Ich hätte gern Gewürzgurken (les petits cornichons).
9. Dr. Grilly, Landarzt in La Motte, hat viele Patienten.
10. Jeden Morgen macht sie Gymnastik.
11. Viele Schriftsteller haben die Liebe als Thema gewählt.
12. Ich nasche (grignoter) gern, aber ich esse nie Süßigkeiten (les friandises, f.).
13. Schenke ihr doch eine Kristallflasche und Cognac.
14. Man braucht manchmal Hilfe.
15. Wir kennen sie gut, aber es sind keine Freunde.
16. Gastiauds Haus ist mit Antiquitäten möbliert.
17. Dieses Jahr haben wir keine Platten gekauft; wir haben schon genug klassische Musik.
18. Da die Schüler sehr laut waren, hat der Lehrer die Geduld verloren.
19. Wir haben nie Schwierigkeiten mit den Nachbarn gehabt.
20. Wieviele Kinder haben Loisels?

IV. Mettez l'article défini, indéfini, partitif demandé par le sens:

Texte A

Après ..... ¹ dîner, il se promenait seul dans ..... ² jardin; il prenait ..... ³ petite Berthe sur ses genoux et, déployant son journal de médecine, essayait de lui apprendre à lire. ..... ⁴ enfant, qui n'étudiait jamais, ne tardait pas à ouvrir ..... ⁵ grands yeux tristes et se mettait à pleurer. Alors il la consolait; il allait lui chercher ..... ⁶ eau dans ..... ⁷ arrosoir pour faire ..... ⁸ rivières sur ..... ⁹ sable, ou cassait ..... ¹⁰ branches des troènes pour planter ..... ¹¹ arbres dans ..... ¹² plates-bandes, ce qui gâtait peu ..... ¹³ jardin, tout encombré ..... ¹⁴ longues herbes; on devait tant ..... ¹⁵ journées à Lestiboudois! Puis ..... ¹⁶ enfant avait froid et demandait sa mère.
Gustave Flaubert: Madame Bovary, Ed. J'ai lu, 1961 (page 360)

Texte B

Un matin, la panthère s'éveilla plus frileuse qu'à ..... ¹ ordinaire et alla à ..... ² fenêtre, comme elle faisait maintenant chaque jour. Dehors, tout était blanc, ... ³ cour, ... ⁴ jardin, ... ⁵ plaine jusqu'à ..... ⁶ loin, et il tombait ..... ⁷ gros flocons ..... ⁸ neige. De joie, ... ⁹ panthère se mit à miauler et sortit dans ..... ¹⁰ cour. Ses pattes s'enfonçaient sans ..... ¹¹ bruit dans ..... ¹² couche mœlleuse, et ..... ¹³ duvet qui neigeait sur sa robe était si fin qu'elle en sentait à peine ..... ¹⁴ caresse. Il lui semblait retrouver ..... ¹⁵ grande lumière ..... ¹⁶ matins ..... ¹⁷ été, et, en même temps, sa vigueur d'autrefois. Elle se mit à courir sur les prés, à danser et à sauter, jouant ..... ¹⁸ deux pattes avec ..... ¹⁹ flocons blancs. Parfois, elle s'arrêtait, se roulait dans ..... ²⁰ neige et repartait de toute sa vitesse. Après deux heures ..... ²¹ course et ..... ²² jeux, elle s'arrêta pour reprendre ..... ²³ haleine et se mit à frissonner. Inquiète, elle chercha des yeux ..... ²⁴ maison et s'aperçut qu'elle en était très loin. Il ne neigeait plus, mais ..... ²⁵ vent âpre commençait à souffler. Avant de rentrer, ... ²⁶ panthère s'accorda ..... ²⁷ moment ..... ²⁸ repos et s'allongea dans ..... ²⁹ neige. Jamais elle n'avait connu ..... ³⁰ lit aussi doux, mais quand elle voulut se lever, ses pattes étaient engourdies et ..... ³¹ tremblement agitait son corps. ..... ³² maison lui parut si loin, ... ³³ vent qui courait sur ..... ³⁴ plaine était si pénétrant, que ..... ³⁵ courage lui manqua pour reprendre sa course.
Marcel Aymé: Les contes du chat perché, Ed. folio 1982 (pages 248-249)

Das Nomen

(Le nom)

Bei der Verwendung eines Nomens treten 2 Hauptfragen auf:
1. Welches Geschlecht hat das Nomen?
2. Wie lautet die Pluralform?

§ 7 Das Geschlecht der Nomen (le genre des noms)

Grammatikregeln

Das Geschlecht der Nomen muß im einzelnen gelernt werden. Jedoch kann man es oft an der **Endung** erkennen.

1. **Endungen männlicher Nomen:**

Endung	Beispiele	Sonderfälle
-age	le garage, un étage	la cage, une image, la nage la page, la plage, la rage (-age ist hier keine Endung)
-ège	le collège, le cortège	
-ail	le corail, le travail	
-al	le journal, le cheval	
-eau	le rideau, le bureau	
-ent	l'argent, le talent	la dent
-et	le poulet, le ticket	
-ier	le panier, le rosier	
-isme	le cubisme, le romatisme	
-ment	le moment, le logement	la jument (die Stute)
-on	le coupon, le ballon	
-oir	le dortoir, le miroir	

-ice   un édifice

2. Endungen weiblicher Nomen:

Endung	Beispiele	Sonderfälle
-ade	la salade, la promenade	
-aille	la bataille, la pierraille	
-aine	la douzaine, une dizaine	le capitaine
-aison	la cargaison, la comparaison	
-ance	la souffrance, l'aisance	
-eille	la merveille, la bouteille	
-elle	la gamelle, la tourelle	
-ence	une exigence, l'essence	
-esse	la finesse, la politesse	
-ette	la banquette, la kitchenette	
-eur	(Abstrakta!) la chaleur	un honneur, le labeur
-ion	la nation, la religion	
-ique	la politique, l'informatique	
-ise	la gourmandise, la bêtise	
-son	la maison, la chanson	le blouson
-té	(Abstrakta!) la bonté, la charité, la sainteté	le côté, le traité, un été, le précipité
-tié	la moitié, la pitié	
-ure	la blessure, la morsure	

3. Nomen mit doppeltem Geschlecht und verschiedener Bedeutung:

Maskulin		Feminin	
un aide	Gehilfe	une aide	Gehilfin; Hilfe
le critique	Kritiker	la critique	Kritik
le garde	Wachposten, Wärter	la garde	Bewachung, Wache
le livre	Buch	la livre	Pfund
le manche	Stiel (e-s Gerätes)	la manche	Ärmel
le manœuvre	Hilfsarbeiter	la manœuvre	Handhabung (Maschine) Manöver
le mode	Modus, Art und Weise	la mode	Mode
le parti	(Politik) Partei	la partie	Teil; Partie (Spiel)
le pendule	Pendel	la pendule	Wanduhr
le physique	Aussehen, Äußeres	la physique	Physik
le poêle	Ofen	la poêle	Bratpfanne
le poste	(mil.) Posten; Stelle; Radio-/Fernsehgerät	la poste	Post(amt)
le voile	Schleier	la voile	Segel
le moral	Stimmung, innere Verfassung	la morale	Sittenlehre, Moral (auch e-r Fabel)
le vase	Vase	la vase	Schlamm

4. Ähnlichklingende Nomen mit unterschiedlichem Geschlecht im Deutschen und Französischen:

le banc	die (Sitz-)Bank	une alarme	ein Alarm
le chocolat	die Schokolade	une ancre	ein Anker
le cigare	die Zigarre	une auto	ein Auto
le contrôle	die Kontrolle	la danse	der Tanz
le domaine	die Domäne, der Bereich	la date	das Datum
un épisode	eine Episode	une interview	ein Interview
le geste	die Geste	la photo	das Photo
le groupe	die Gruppe	la planète	der Planet
le masque	die Maske	la radio	das Radio
un opéra	eine Oper	la salade	der Salat
le plat	die Platte (Gericht); Schüssel	la salle	der Saal
le rôle	die Rolle		
le tube	die Tube		
un uniforme	eine Uniform		

5. Auch die **Bedeutung** des Nomens kann zur Geschlechtsbestimmung herangezogen werden.

	Maskulin sind:
le poirier, le pommier, le chêne, le bouleau	1. Namen von Bäumen aber: la vigne (Weinstock)
le sud, le nord, l'est, l'ouest	2. Himmelsrichtungen
le printemps, un hiver froid Août a été chaud. le lundi (montags)	3. Jahreszeiten, Monate, Wochentage
le bronze, le fer, le cuivre, le chlore, le soufre (Schwefel)	4. Metalle und chemische Elemente
le français, le hollandais	5. die Namen der Sprachen
le Concorde, le Mirage le France, le Normandie	6. die Eigennamen von Flugzeugen und Schiffen
le Brésil, le Maroc, le Danemark, le Pérou le Rhin, le Missouri	7. Länder- und Flußnamen, die im **Schrift**bild auf **Konsonant** oder einen **anderen Vokal als -e** enden
un ananas, un melon, un citron, un abricot, un kiwi	8. Früchtenamen, die im **Schrift**bild auf **Konsonant** oder einen **anderen Vokal als -e** enden.

	Feminin sind:
la pomme, la poire, la cerise, la prune, la banane, la fraise	1. die Namen von Früchten auf -e aber: le pamplemousse
la Mercedes, la Peugeot, la 2 CV	2. die Namen der Automarken und -typen (**la** voiture)
la médecine, la pharmacie, la philosophie, la physique	3. die Namen der Wissenschaften aber: le droit (Rechts~)
la caféine, la cocaïne, la nicotine, la saccharine	4. die chemischen Stoffe auf «-ine»
la France, l'Espagne la Seine, la Moselle, la Vistule (Weichsel) la Meuse (Maas)	5. die Länder und Flüße, die im **Schrift**bild auf -e enden. aber: le Mexique, le Rhône, le Danube (Donau)

6. Bei vielen Nomen, die Personen bezeichnen, wird das Femininum durch eine eigene Endung gekennzeichnet:

-ant	-ante	un passant, une passante
-ent	-ente	un client, une cliente
-an	-ane	un artisan, une artisane
		aber: un paysan, une paysanne
-ain	-aine	un Marocain, une Marocaine
-(i)en	-(i)enne	un gardien, une gardienne
-in	-ine	un voisin, une voisine
-(i)on	-(i)onne	un baron, une baronne
-(i)er	-(i)ère	un caissier, une caissière
-eur	-euse	un coiffeur, une coiffeuse
-teur	-trice	un directeur, une directrice
		aber: un menteur, une menteuse
		un chanteur, une chanteuse

7. Merke: keine weibliche Form haben:

l'architecte	le chef	l'amateur
le diplomate	l'écrivain	l'assassin
l'ingénieur	le guide	le connaisseur
le médecin	le juge	l'expert
le ministre	le maire	le successeur
le professeur	le peintre	le témoin
le reporter	l'auteur	le vainqueur

Geht aus dem Textzusammenhang nicht hervor, daß es sich um eine Frau handelt, so wird diesen Nomen «femme» vorangestellt. Beispiel:
Mme Duval est **le professeur** de français de Nicole.
Il y a peu de **femmes médecins** dans cet hôpital.

Übungen

I. Mettez l'article qui convient (§ 7, 1, 2):
1. ..... liaison
2. ..... ménage
3. ..... qualité
4. ..... partage
5. ..... munition
6. ..... manchette
7. ..... chauvinisme
8. ..... fraternité
9. ..... trottoir
10. ..... corset
11. ..... langage
12. ..... condition

13. . . . . . cage
14. . . . . . passage
15. . . . . . liberté
16. . . . . . fureur
17. . . . . . classicisme
18. . . . . . bouteille
19. . . . . . pagaille (Durcheinander)
20. . . . . . arrivée
21. . . . . . rivage
22. . . . . . intention
23. . . . . . terreur
24. . . . . . nouveauté
25. . . . . . entonnoir
26. . . . . . entrée
27. . . . . . commission
28. . . . . . loyauté
29. . . . . . fourchette
30. . . . . . patrie
31. . . . . . déguisement
32. . . . . . gallicisme
33. . . . . . marché
34. . . . . . soleil
35. . . . . . couleur
36. . . . . . occasion
37. . . . . . carnaval
38. . . . . . boudoir
39. . . . . . rage
40. . . . . . fertilité
41. . . . . . cortège
42. . . . . . erreur
43. . . . . . côtelette
44. . . . . . coton
45. . . . . . couronne
46. . . . . . étage
47. . . . . . bonté
48. . . . . . couteau
49. . . . . . crayon
50. . . . . . coupelle (kleiner Kelch)
51. . . . . . couloir
52. . . . . . talon
53. . . . . . honneur
54. . . . . . crépitement (Knistern)

55. . . . . . soirée
56. . . . . . grandeur
57. . . . . . quinzaine
58. . . . . . crochet
59. . . . . . canal
60. . . . . . traité
61. . . . . . invention
62. . . . . . culpabilité
63. . . . . . poubelle (Mülleimer)
64. . . . . . pragmatisme
65. . . . . . canaille (Gesindel)
66. . . . . . propriété
67. . . . . . surprise
68. . . . . . pureté
69. . . . . . privilège
70. . . . . . prévention
71. . . . . . croissance
72. . . . . . épuisement
73. . . . . . prévenance (Zuvorkommenheit)
74. . . . . . raideur
75. . . . . . valise
76. . . . . . rameau (Zweig)
77. . . . . . rationalisme
78. . . . . . rançon (Lösegeld)
79. . . . . . regret
80. . . . . . douceur
81. . . . . . réveil
82. . . . . . image
83. . . . . . centaine
84. . . . . . rival
85. . . . . . régal
86. . . . . . puissance
87. . . . . . méprise
88. . . . . . plage
89. . . . . . bêtise
90. . . . . . manteau
91 . . . . . côté
92. . . . . . dent
93. . . . . . fourrure

II. Mettez l'article demandé par le sens (§7, 3):
 1. Hier, j'ai acheté ..... (ein) livre de beurre.
 2. Va à ..... poste acheter des timbres.
 3. ..... manche de ce balai est trop court(e).
 4. ..... voile de son bateau s'est déchiré(e) dans la tempête.
 5. ..... moral(e) des soldats était excellent(e).
 6. Allume ..... poêle, il fait froid.
 7. Quand est-ce que ..... parti(e) de ping-pong sera terminé(e)?
 8. ..... physique est une science.
 9. Cet auteur n'a écrit qu' ..... (ein) livre.
 10. Les bonnes sœurs (Nonnen) portent ..... voile.
 11. Mets les fleurs dans ..... vase qui est sur la table.
 12. Il a de la confiture sur ..... manche de sa chemise.
 13. Je ne comprends pas ..... moral(e) de ce texte.
 14. ..... pendule a sonné trois heures.
 15. ..... parti(e) socialiste a gagné les élections.
 16. ..... manœuvre qui a fait ce travail a perdu ..... (sein) poste.
 17. Est-ce que tu as lu ..... critique du film d'hier soir?
 18. Il a allumé ..... poste de radio pour écouter les informations.
 19. Mets les côtelettes dans ..... poêle.
 20. Je ne connais pas ..... critique qui a écrit cet article.
 21. ..... garde de cet immeuble ne nous a pas laissé entrer.
 22. ..... vase sur la plage provient d'une grande marée (starke Flut).
 23 ..... mode de Paris est célèbre dans le monde entier.

III. Mettez l'article qui convient (§7, 4, 5):
 1. ..... Citroën de mon père a trois ans.
 2. Il parle couramment ..... portugais.
 3. Veux-tu manger ..... (ein) pêche ou ..... (ein) abricot?
 4. ..... cigare que tu fumes sent vraiment bon.
 5. Dans cette pièce de théâtre, il joue ..... rôle de Panurge.
 6. On a découvert ..... (einen neuen) planète.
 7. Martine n'aime pas ..... salade.
 8. ..... Concorde met six heures pour aller de Paris à New York.
 9. L'effet nocif (schädlich) de ..... nicotine est bien connu.
 10. Nous avons ..... (eine große) sapin (Tanne) dans notre jardin.
 11. ..... Paraguay est un pays que j'aimerais bien connaître.
 12. ..... France était le paquebot (Passagierschiff) le plus moderne de l'Europe.

13. Nous ne travaillons pas ..... samedi.
14. Connais-tu ..... date de leur arrivée?
15. Elle aime beaucoup ..... danse classique.
16. Le criminel portait ..... (eine) masque.
17. La littérature n'est pas ..... (sein) domaine.
18. Il a perdu ..... contrôle de sa voiture.
19. ..... melon qui est dans le frigidaire pèse 400 grs.
20. Il fait une drôle de tête sur ..... (diesem) photo.
21. ..... tube de dentifrice est vide.
22. ..... radio de mon frère a coûté mille francs.
23. ..... cuivre est un métal assez cher.
24. ..... sud de la France est beaucoup plus ensoleillé(e) que ..... nord.

IV. Traduisez (§7, 4-7):
1. Diese Oper hat mir nicht gefallen.
2. Sie ist Malerin.
3. Diese Frau ist die einzige Zeugin des Unfalls.
4. Die Schokolade, die du gekauft hast, ist sehr gut.
5. Unsere Nachbarin ist Amerikanerin.
6. In diesem Land gibt es nicht viele Diplomatinnen.
7. Sie ist Weinkennerin.
8. Diese Kundin ist sehr unangenehm.
9. Ich bewundere diese Sängerin.
10. Sie hat das Aussehen einer Schauspielerin.
11. Sie ist die größte Lügnerin, die ich kenne.

§8 Der Plural der Nomen (le pluriel des noms)

Überprüfen Sie Ihren Wissensstand.

Mettez les mots entre parenthèses au pluriel: références

1. Il faut faire remplacer ..... de la cuisine. (le tuyau)	§ 8.3 b
2. Elle s'est écorché ..... en tombant. (le genou)	§ 8.3 c
3. Avez-vous .... (votre laissez-passer)	§ 8.4 g
4. Ne rentrons pas dans .... (le détail)	§ 8.3 a
5. Ne prends pas .... (ce clou)	§ 8.3 c
6. La semaine dernière, il y a eu ..... «Yves Montand» au Palais des Sports. (un récital)	§ 8.3 a
7. Emporte .... (un chandail)	§ 8.3 a
8. Les chats sont rentrés par ..... de la cave. (le soupirail)	§ 8.3 a
9. Il faut que j'achète .... (un porte-couteau)	§ 8.4 f
10. Il y a beaucoup de désordre dans ..... de cette entreprise. (le bureau)	§ 8.3 b
11. Je te défends de jouer avec .... (ce lance-pierres)	§ 8.4 f
12. Après le naufrage de ce bateau, on a retrouvé .... (le livre de bord)	§ 8.4 a
13. Gide a écrit un roman intitulé .... («Le Faux Monnayeur»)	§ 8.1 / 8.2
14. Elle est restée plusieurs mois dans .... (une maison de santé)	§ 8.4 a

Grammatikregeln
Pluralbildung

le lit l'amie	les lits les amies	1. Der Plural wird gebildet durch Anhängen von -s an den Singular
le poids la croix le nez	les poids les croix les nez	2. Nomen, die im Singular auf -s, -x oder -z enden, bleiben unverändert

le journal	les journaux
le travail	les travaux
aber:	
le bal	les bals
le festival	les festivals
le détail	les détails
le bureau	les bureaux
le tuyau	les tuyaux
le cheveu	les cheveux
le lieu	les lieux
aber:	
le pneu	les pneus
le trou	les trous
aber:	
le bijou	les bijoux
le genou	les genoux
le joujou	les joujoux
le pou	les poux

le passeport	les passeports

l'hôtesse de l'air
    les hôtesse**s** de l'air
le terrain de camping
    les terrain**s** de camping
le bonbon à la menthe
    les bonbon**s** à la menthe

le chou-fleur
    les chou**x**-fleur**s**
le wagon-restaurant
    les wagon**s**-restaurant**s**

3. **Sonderformen**
  a) Singular -al   Plural **-aux**
              -ail
    außer bei: le bal, le chacal, le carnaval, le festival, le régal, le récital,
    le détail, le portail, le chandail

  b) Singular -eau   Plural -eaux
              -au   -aux
              -eu   -eux
              -ieu   -ieux
    außer bei: le landau (Kinderwagen)
    le pneu, le bleu

  c) Singular -ou   Plural -ous
    außer bei: le bijou, le caillou, le chou, le genou, le hibou, le joujou, le pou (Laus), die ihren Plural auf -x bilden

4. **Zusammengesetzte Nomen**
Wenn sie in **einem** Wort geschrieben werden, bilden sie den Plural auf -s. Wenn sie **nicht in einem** Wort geschrieben werden, sind folgende Regeln zu beachten:
Grundregel: nur Adjektive und Substantive können ein Pluralzeichen bekommen.
  a) **Nomen + Präpositionalgruppe**
    nur das erste Element bekommt ein Pluralzeichen
    aber: la brosse à cheveux/à dents/
            à ongles
            les brosses à cheveux/
            à dents/à ongles
  b) **Nomen + Nomen mit Bindestrich**
    beide Elemente bekommen ein Pluralzeichen
    aber: les timbres-poste
            les appareils-photo
            les assurances-vie

la voiture sport		
	les voitures sport	
le grand-père	les grands-pères	
le coffre-fort	les coffres-forts	
un Anglo-Saxon	des Anglo-Saxons	
un servo-moteur	les servo-moteurs	
un Sud-Américain	des Sud-Américains	
un demi-frère	des demi-frères	
la grand-rue	les grand(s)-rues	
la grand-mère	les grand(s)-mères	
l'arrière-boutique		
	les arrière-boutiques	
l'avant-garde		
	les avant-gardes	
un passe-montagne		
	des passe- montagnes	
un essuie-main		
	des essuie-main(s)	
un porte-monnaie		
	des porte-monnaie	
un garde-magasin		
	des gardes-magasins	
un garde-meuble(s)		
	des garde-meubles	

c) **Nomen + Nomen ohne Bindestrich**
nur das Grundwort bekommt ein Pluralzeichen

d) **Adjektiv + Nomen** oder **Nomen + Adjektiv**
beide Elemente bekommen ein Pluralzeichen
aber: die Adjektive auf -o und diejenigen, die Himmelsrichtungen bezeichnen, sind unveränderlich

Beachte:
demi bleibt unverändert, wenn es **vor**ansteht.
grand: bei **weiblichen** Wortzusammensetzungen kann «grand» in den Plural gesetzt werden oder unverändert bleiben.

e) **Präposition + Nomen**
nur das Nomen kann in den Plural gesetzt werden.
Beachte:
un(e) après-midi   des après-midi

f) **Verb + Nomen**
nur das Nomen kann in den Plural gesetzt werden.
Bezeichnet das Nomen zählbare Dinge, ist der Gebrauch schwankend (im Wörterbuch nachschlagen!).
Bezeichnet das Nomen nicht zählbare Dinge, so bleibt es unverändert.

Beachte:
garde (Person)   veränderlich

garde (Sache)   unveränderlich

un touche-à-tout
            des touche-à-tout
un post-scriptum
            des post-scriptum
un pick-up (Plattenspieler)
            des pick-up
	g) **Verb + Verb/Adverb**
	    beide Teile bleiben unverändert
	h) **Fremdwörter** in Wortzusammen-
	    setzungen bleiben unverändert.

Beachte: Die **Eigennamen** bekommen **kein** Pluralzeichen:
    Les Durand sont des voisins agréables.

Übungen

I. Mettez les mots soulignés au pluriel:
1. Ton marteau n'est pas assez gros pour enfoncer ces clou . . . . . énormes.
2. Cette chanteuse a donné trois récital . . . . . à l'Olympia.
3. Sa sœur adore les cheval . . . . . .
4. La cathédrale de Metz a des vitrail . . . . . splendides.
5. Les canal . . . . . de la Charente forment la «Venise Verte».
6. Luc ne voit pas ce qu'il y a sur ces écriteau . . . . . (Schild).
7. Dans cette vieille ville, j'ai photographié des portail . . . . . magnifiques.
8. La ménagerie de ce cirque possède une dizaine de chacal . . . . . .
9. Je t'offre ces vieux sou . . . . . pour ta collection de pièces.
10. Les cambrioleurs ont emporté tous les bijou . . . . . .
11. Maman a fait vingt bocal . . . . . de pêches en conserve.
12. Les pneu . . . . . de notre voiture sont complètement usés.
13. Le fer et le plomb sont des métal . . . . . lourds.
14. A la colonie de vacances, on organisait toujours des jeu . . . . . passionnants.
15. Le film «Les feu . . . . . de la rampe» a rendu Charlie Chaplin célèbre dans le monde entier.
16. Avant leur départ pour les Etat . . . . .-Uni . . . . . , les Michaud nous ont fait leurs adieu . . . . . .
17. J'ai retiré les noyau . . . . . de deux kilos de cerises pour faire de la confiture.
18. Il serait temps que tu fasses tes aveu . . . . . (Geständnis).
19. Les bail . . . . . (Miet-, Pachtvertrag) de cet immeuble sont gardés chez un notaire.
20. En Touraine, les maisons ont souvent des barreau . . . . . aux fenêtres.
21. Cette région est irriguée (bewässert) par de nombreux chenal . . . . . (Kanal).
22. Ce tableau représente un ciel d'été rendu lumineux par des bleu . . . . . savamment mélangés.
23. On appelle cette forêt «le bois des hibou . . . . .».
24. Il faut entourer le jardin de pieu . . . . . (Pfahl) avant d'y poser une clôture.
25. Autrefois il y avait beaucoup de bal . . . . . populaires à Paris.
26. Dans le port de La Rochelle, on peut admirer de jolis bateau . . . . . de plaisance.

II. Mettez les mots suivants au pluriel:
(Schwierigere Zusatzaufgabe zur Einübung und Anwendung der Regeln § 8.4 a–f)

le grand-duc (Großherzog; Uhu)
le brise-glace (Eisbrecher)
le dîner de gala
le cure-dent (Zahnstocher)
la contre-mesure (Gegentakt)
le monte-plats (Speiseaufzug)
l'arrière-garde (Nachhut)
le demi-sommeil
le sous-titre
l'abat-jour (Lampenschirm)
le gâteau au fromage
l'oiseau-mouche (Kolobri)
le pique-nique
la grand-route
le chasse-mouches (Fliegenwedel)
l'avant-toit
le clin d'œil (Augenzwinkern)
le casse-croûte (Imbiß)
le demi-soupir
le cache-pot (Übertopf)
le grand-oncle
le garde-chasse (Jagdwärter)
le servo-frein
la bête à cornes
l'avant-guerre (Vorkriegszeit)
le porte-plume
le tire-bouchon
le presse-papiers (Briefbeschwerer)
le coup de théâtre
    (unerwartete Wendung)
l'avant-scène (Vorbühne)
l'arc-en-ciel
le souffre-douleur (Sündenbock)
l'Etat-major (militärischer Stab)
le garde-barrière

le demi-ton (Halbton)
l'Hispano-Américain
la claire-voie (Gitter, ~luke)
le couvre-lit (Bettdecke)
le chou-rave (Kohlrabi)
le ver à soie (Seidenraupe)
le coupe-faim (kleine Zwischenmahlzeit)
la grand-messe (Hochamt)
le garde-boue (Schutzblech)
le sous-sol (Kellergeschoß)
la basse-cour (Hühnerhof)
l'avant-veille (vorgestriger Tag)
la contre-indication
la demi-teinte (Zwischenfarbe)
le prie-Dieu (Betstuhl)
une robe du soir
le croque-mort (Sarg-/Leichenträger)
l'arrière-goût
le timbre de quittance (Quittungsmarke)
la demi-place (Platz zum halben Preis)
le brûle-parfum
l'arrière-pensée
l'aide de camp (Adjutant)
la contre-offensive
la grand-tante
le sous-vêtement
le chef-lieu
le thé au citron
l'arc-boutant (Strebepfeiler, Stütze)
le chef-d'œuvre
le cheval-vapeur (Pferdestärke, PS)
le professeur de piano
le Nord-Africain
l'arrière-plan (Hintergrund)

Die Begleiter und Pronomen
(Les déterminants et les pronoms)

Grammatikregeln

§9 Die Demonstrativbegleiter (les déterminants démonstratifs)

	Singular	Plural
le livre	**ce** livre	
l'oiseau (m.)	**cet** oiseau	**ces** { livres / oiseaux / maisons }
la maison	**cette** maison	

Zur deutlichen Gegenüberstellung oder zum Hinweis auf Näheres oder Ferneres kann -ci bzw. -là an das Substantiv angehängt werden:
Prenez-vous ce chapeau-ci ou ce chapeau-là?

§10 Die Demonstrativpronomen (les pronoms démonstratifs)

	Singular	Plural
mask.	**celui**-ci (der/dieser hier) celui-là (der/dieser da)	**ceux**-ci (die/diese hier) ceux-là (die/diese da)
fem.	**celle**-ci (die/diese hier) celle-là (die/diese da)	**celles**-ci (die/diese hier) celles-là (die/diese da)
neutr. Formen	**ce, ceci, cela, ça** (das/dieses)	

Funktion und Gebrauch der Demonstrativpronomen:
Sie verweisen auf ein nominales Satzglied, nach dem sie sich in Geschlecht und Zahl richten. Die neutralen Formen können auf ganze Sätze verweisen.

Quelle voiture est à vous? **Celle-ci** ou **celle-là**? Tu as vu la robe de Brigitte? Oui, mais je préfère **celle de** Marie.	1. **celui:** es wird immer näher bestimmt a) durch -ci und -là, wenn zwei Dinge zur Wahl stehen b) **oder** durch de + Besitzer

J'aimerais bien connaître **celui qui** raconte de telles histoires. Cette viande est bonne, mais **celle que** nous avons mangée hier était plus tendre.	c) **oder** durch einen Relativsatz
La soirée t'a plu? Ah oui, **c'était** bien. **C'est** mon tour. **C'est** un beau jour. **Cela lui** fut très agréable. Dis-moi **ce qui** te plaît. Répète **ce que** je n'ai pas compris.	2. **ce** ce (Subjekt) + être **Beachte:** Geht «être» ein Personalpronomen voraus, steht «cela» (ugs. «ça»). ce als neutrales Bezugswort von «qui» und «que» (deutsch: was)
Cela ne se fait pas. **Cela** m'ennuie vraiment. **Ceci** me convient, **cela** me déplaît. Elle va beaucoup mieux. - **Cela** me surprend.	3. **cela (ça), ceci** a) cela als neutrales Subjekt vor transitiven Verben b) ceci, cela als Gegenüberstellung von zwei Dingen c) cela als Subjekt (oder Objekt), bezogen auf einen vorausgehenden Satz.

Beachte:
Zur Unterscheidung von «ce» und «il» als neutralem Subjekt vor «être» ist folgendes zu merken:
1. «il» weist voraus, «ce» weist zurück:
   Il est certain que⃗ nous en sommes contents.
   Nous en sommes contents, ⃖c'est certain.

2. «il» steht bei Naturphänomenen und Zeitangaben:
   Il neige.
   Il est deux heures.

3. «il» steht als Subjekt vor intransitiven Verben:
   Il paraît que vous allez déménager.

Übungen

I. Mettez le pronom démonstratif qui convient:
1. Nous avons visité la maison des Canot et ..... des Lefèvre.
2. A qui vendras-tu ton tableau? – A ..... qui me proposera le plus d'argent.
3. Oh! Les beaux gâteaux! Lequel vais-je manger? ..... ou ..... ?
4. Les élèves de seconde sont plus doués que ..... de l'an dernier.
5. Si tu ne me dis pas ..... qui ne te convient pas, on ne pourra jamais s'entendre.
6. Tu ne connais pas Isabelle? C'est ..... qui arrive toujours en retard.
7. Vous devez vous décider maintenant et me dire ..... que vous voulez faire.
8. Ces chocolats ont tous l'air très appétissants: ..... sont au rhum, ... au cognac.
9. ..... est dangereux de faire cette descente trop rapidement.
10. J'ai pris un coup de soleil; ..... se voit?
11. Pascale a deux chatons qui jouent avec ..... de Patrick.
12. Ils sont très fiers de leur fils, ... est évident.
13. Vous êtes toujours mécontents: ..... vous ennuie, ... vous dérange.
14. Venez nous voir, ... nous fera plaisir.
15. La profession de Mme Duteil est aussi intéressante que ..... de son mari.
16. ..... qui n'ont pas compris ma question doivent me le dire.
17. La sœur d'André est très mignonne. Connais-tu aussi ..... de François?
18. Elle se plaint continuellement, ... est toujours la même chose.
19. ..... n'est pas impossible que nous allions à Paris pour Noël.
20. Avez-vous fait votre choix? – Oui, je vais prendre .....
21. Je me rappelle encore ..... que tu m'as promis.
22. Mathieu aimerait un vélo de course, mais un jour il veut ....., le lendemain il préfère ....., on ne sait jamais avec lui.
23. Vos enfants ont-ils une voiture? – Non, mais ..... de nos voisins en ont une.
24. ..... n'y a rien qui me déplaise autant que ça!
25. Une fois tu dis ....., après tu dis ....., tu n'as vraiment pas d'opinion personnelle.

II. Complétez par «ce», «cela», «il»:
1. Je ne sors pas, ... pleut trop fort.
2. Vous avez dit la vérité, ... est vrai.
3. ..... est nécessaire que vous travailliez davantage.
4. ..... me dérange d'ouvrir la porte à chaque instant.
5. Nous devions partir ensemble, ... était convenu.
6. ..... peut vous surprendre, mais je viendrai.
7. ..... est encore trop tôt pour se lever.
8. ..... est un plaisir de vous regarder danser.
9. Cet enfant a beaucoup grandi, ... m'a frappé.
10. ..... est très aimable de votre part.

Grammatikregeln

§11 Die Possessivbegleiter (les déterminants possessifs)

	le livre	la revue	l'émission	les émissions/livres
je regarde	mon livre	ma revue	mon émission	mes émissions/livres
tu regardes	ton livre	ta revue	ton émission	tes émissions/revues
il regarde	son livre	sa revue	son émission	ses émissions
elle regarde	son livre	sa revue	son émission	ses émissions
nous regardons	notre livre	notre revue	notre émission	nos émissions
vous regardez	votre livre	votre revue	votre émission	vos émissions
ils regardent	leur livre	leur revue	leur émission	leurs émissions
elles regardent	leur livre	leur revue	leur émission	leurs émissions

Beachte:
1.

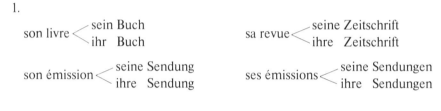

2. 3. Person Plural: «leur» + Nomen im **Singular**
   (mehrere Besitzer)   «leurs» + Nomen im **Plural**

3. deutsch „ihr(e), Ihr(e)"

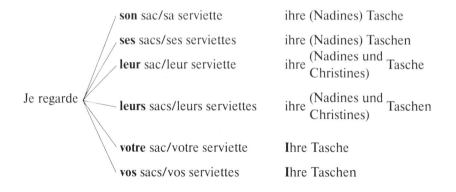

§12 Die Possessivpronomen (les pronoms possessifs)

	le livre	la revue	les livres	les revues
je regarde	le mien	la mienne	les miens	les miennes
tu regardes	le tien	la tienne	les tiens	les tiennes
il regarde	le sien	la sienne	les siens	les siennes
elle regarde	le sien	la sienne	les siens	les siennes
nous regardons	le nôtre	la nôtre	les nôtres	les nôtres
vous regardez	le vôtre	la vôtre	les vôtres	les vôtres
ils regardent	le leur	la leur	les leurs	les leurs
elles regardent	le leur	la leur	les leurs	les leurs

Übungen

I. Complétez par le déterminant possessif qui convient:
 1. Nicole a oublié de faire . . . . . devoirs.
 2. Avez-vous invité . . . . . parents pour Noël?
 3. Dis-moi, Christian, est-ce que Brigitte est . . . . . amie? – Oui, c'est . . . . . petite amie.
 4. En France, beaucoup de parents envoient . . . . . enfants en colonie de vacances.
 5. Je ne trouve pas . . . . . affaires: . . . . . stylo, ... gomme et . . . . . crayon ont disparu.
 6. Ils ont fait construire . . . . . maison il y a trois ans.
 7. Elle a tapissé l'intérieur de . . . . . armoire avec du papier rose.
 8. Béatrice se fâche souvent avec . . . . . frère, mais il prétend qu'il s'entend bien avec . . . . . sœur.
 9. Mes filles dépensent tout . . . . . argent en friandises.
 10. Annette et sa mère achètent . . . . . vêtements dans le même magasin.
 11. Ce nouveau coiffeur est très attentif aux désirs de . . . . . clientes; l'ancien ne coiffait pas aussi bien . . . . . cheveux.

II. Complétez par le pronom possessif qui convient:
 1. Si tu me montres ta composition, je te montrerai . . . . . .
 2. Les Dubois sortent leur chien à la laisse, mais les Métayer laissent courir . . . . . .
 3. Notre toit a été endommagé par la tempête; et . . . . . ?
 4. Je mets mon manteau pour sortir; toi aussi, mets . . . . . .
 5. Je lui ai présenté mes parents et elle m'a présenté . . . . . .
 6. Voilà, je vous ai parlé de mes vacances. Maintenant parlez-moi de . . . . . .

7. Fabrice a invité sa correspondante française, mais Benoît n'a aucune envie de connaître ..... .
8. Beaucoup de gens racontent leurs problèmes, mais les Levêque taisent toujours ..... . (taire qc.: etw. verschweigen)
9. Jacqueline passe son permis de conduire la semaine prochaine, mais je ne sais pas quand Françoise passera ..... .
10. Catherine et Alain fêtent leur anniversaire la semaine prochaine; quand fêterons-nous ..... ?

III. Traduisez:
1. Herr Lecomte, Sie vergessen Ihr Auto abzuschließen.
2. Fräulein Roux hat ihre Eltern bei einem Autounfall verloren.
3. Claude geht oft mit seiner Freundin aus, aber man sieht nie Daniel mit seiner.
4. Jetzt haben Sie mein Haus gesehen; darf ich eines Tages Ihres besichtigen?

§13 Die Relativpronomen (les pronoms relatifs)

Grammatikregeln

Je regarde **les enfants qui** jouent dans la rue.
Il ne faut pas réveiller **le chat qui** dort.
Apporte-moi **le livre qui** est sur la table.
 	
Isabelle est **l'amie que** je préfère.
J'aime bien **la robe que** vous portez.
Montre-moi **les photos que** tu as prises.
	1. **qui, que**
	Subjekt: qui
	        bezogen auf Personen
	          oder Sachen
	
	Objekt: que
	        bezogen auf Personen
	          oder Sachen
	        Vor Vokal: qu'

Ce sont les collègues **dont** je vous ai parlé. (parler **de**) Il est préférable d'avoir des élèves **dont** on connaît les parents. (les parents **des** élèves) C'est un pays **dont** je n'ai aucune idée. (avoir une idée **de**) Apportez deux cafés, **dont** un décaféiné. (un **de** ces cafés)	2. **dont** Es ersetzt eine **Ergänzung mit «de»** und bezieht sich auf Personen oder Sachen.

Dites-moi **ce qui** ne va pas. Prenez **ce que** vous voulez. C'est **ce dont** je doute fortement. (douter **de**) **Ce à quoi** elle passe son temps? A écouter de la musique pop. (passer son temps **à**)	3. **ce qui, ce que, ce dont, ce à quoi** Wenn das Relativpronomen kein Beziehungswort hat, steht das neutrale Demonstrativpronomen «ce» davor. **Subjekt:** ce qui **Objekt:** ce que **Ergänzung mit de:** ce dont **Ergänzung mit à:** ce à quoi
Allons dans le parc **où** il y a les plus belles fleurs. La région **d'où** proviennent ces oranges est très ensoleillée.	4. **où** où leitet einen Relativsatz ein, der **ortsbestimmend** ist. où kann allein stehen, oder, wenn es der Sinn verlangt, mit Präposition.
C'est **un ami sur qui** on peut compter. **Les gens avec qui** nous avons voyagé sont de Toulon. Ce sont **des histoires auxquelles** je ne crois pas. J'ai acheté **des appareils sans lesquels** j'aurais besoin d'une femme de ménage. **L'annonce grâce à laquelle** j'ai trouvé ce travail a paru dans Le Monde. (grâce **à cette annonce**) C'est **l'élève de la réussite duquel/de qui** j'ai tant douté. (j'ai douté de la réussite **de cet élève**). Ce sont des enfants **entre lesquels** il y a souvent des disputes. **La sœur** de Patrick, **laquelle** est à Paris… La sœur de **Patrick**, **lequel** est à Paris…	5. **Präpositionen + qui bzw. lequel** Präposition + **qui:** → **Personen** (In gehobener Sprache steht statt «qui» die entsprechende Form von «lequel».) Präposition + **lequel:** → Sachen («lequel» richtet sich in Geschlecht und Zahl nach seinem Beziehungswort.) **Beachte die Stellung von «lequel»!** Es bleibt an der Stelle, an der das ersetzte Wort stand. **Merke:** Nach «parmi» und «entre» steht immer «lequel», auch für Personen. «lequel» kann die relative Beziehung verdeutlichen: Die **Schwester** ist in Paris. **Patrick** ist in Paris.

Qui vivra, verra. (Man wird ja sehen.) Invite **qui** tu veux (celui/ceux que tu veux). Tu peux travailler **pour qui** bon te semble. Voilà **qui** est bien. (Das ist ja schön.)	6. **das beziehungslose Relativpronomen qui** (es kommt fast nur in festen Wendungen vor) als Subjekt als Objekt als präpositionales Objekt nach voilà (neutrales Subjekt)

Il n'y a **rien à quoi** elle tienne autant.
 	
Travaille régulièrement, **faute de quoi** tu auras des problèmes à l'examen.
 	
J'ai encore **de quoi** faire.
Voilà **à quoi** tu passes ton temps.
	7. **quoi**
	Es wird nur **nach Präpositionen** verwendet und bezieht sich nur auf Sachen.
	– nach «ce» oder einem indefiniten Pronomen (z.B. quelque chose, rien)
	– nach après
	      sans (quoi)
	      faute de
	– als neutrales Subjekt (= ohne Bezugswort) vor Infinitiven und nach «voilà».

Einige allgemeine Regeln zur Bildung von Relativsätzen aus zwei getrennten Sätzen:

1. Der zweite Satz wird in den ersten eingeschoben, und zwar direkt nach dem Beziehungswort.
2. Das Relativpronomen muß im gleichen „Fall" (Subjekt, Objekt, präpositionales Objekt) stehen wie der zu ersetzende Satzteil.
3. Abweichend vom Deutschen gilt im französischen Relativsatz immer die Wortstellung SP(O).

Beispiele:
– Le **projet** est très complexe. Nous **y** pensons souvent.
                                        = à ce projet
Le projet auquel nous pensons souvent est très complexe.

– Mon **amie** est très jolie. Tu connais **son** frère.
                           = **le** frère de mon amie.
Mon amie dont tu connais **le** frère est très jolie. (...deren Bruder du kennst)

Übungen

I. Complétez par «qui, que, dont, lequel, où»:
1. Balzac est un écrivain ..... les romans plaisent encore de nos jours.
2. C'est un élève ..... ne vous décevra jamais.
3. Les cadeaux ..... vous nous faites sont bien trop beaux.
4. Faites-moi visiter la ville ..... vous êtes né.
5. Les parents de Brigitte, ... ont une maison sur la Côte d'Azur, sont bien sympathiques.
6. M. Bernard est un collègue avec ..... j'aime bien travailler.
7. C'est une classe ..... tous les professeurs se plaignent.
8. J'aimerais deux gâteaux, ... un aux fruits.
9. Montre-moi les timbres ..... tu collectionnes depuis des années.
10. La maison ..... on voit le toit est en vente.
11. Connaissez-vous la forêt au travers de ..... nous allons marcher?
12. Voilà le terrain en friche de ..... je rapporte tant de mûres.
13. On rencontrait des touristes parmi ..... il y avait toujours quelques Allemands.
14. Il a recours à des moyens ..... ne sont pas toujours très honnêtes.
15. La méthode ..... vous avez adoptée est certainement la meilleure.
16. Elle a peint des tableaux ..... la vente lui a bien rapporté.
17. Il porte des vêtements pour ..... il dépense beaucoup.
18. Ce sont des endroits ..... on doit absolument s'arrêter pour les visiter.
19. Les choses ..... tu attaches tant d'importance sont pourtant très secondaires.
20. Il y avait bien deux cents spectateurs, ... une cinquantaine qui n'a rien compris à la pièce.
21. Pars avec ..... voudra bien t'emmener.
22. Les amis dans la maison ..... nous avons passé nos vacances sont charmants.

II. Complétez par «ce qui, ce que, ce dont, ce à quoi»:
1. Prenez ..... vous avez besoin.
2. Je me méfie de ..... me semble trop facile.
3. Le plaisir! C'est toujours ..... tu penses.
4. ..... je regrette, c'est de ne pas m'en être occupé à temps.
5. Elle m'a rapporté ..... elle s'était informée.
6. ..... Lucien travaille sans cesse, c'est son avenir.
7. On apprend parfois ..... on aimerait ignorer.
8. ..... lui plaît tant en Bretagne, c'est la côte sauvage.
9. As-tu déjà décidé ..... tu veux faire plus tard?
10. Les falaises découpées? C'est ..... je me souviens le mieux.

III. Traduisez:
1. Das Dorf, in dessen Mitte ein Brunnen steht, scheint verlassen zu sein.
2. Das Fest, dem der Präsident beigewohnt hat, war ein Erfolg.

3. Die Stadt, deren Museen wir besichtigt haben, ist tausend Jahre alt.
4. Das Unglück, das am Fernsehen gezeigt wurde, hat sich im Elsaß zugetragen.
5. Die Frage, auf die du nicht gefaßt warst (s'attendre à), hat dich verwirrt (déconcerter).
6. Die Gäste, unter denen sich zwei Holländer befanden, sind heute morgen abgereist.
7. Die Verwandten, mit denen wir nach München gefahren sind, haben sich in Deutschland wohlgefühlt (se plaire).
8. Die Geräte, deren du dich bedienst, werden nie aufgeräumt.
9. Die Gegenden, in die viele Touristen kommen, sind im Sommer übervölkert (surpeuplé).
10. Die Bücher, die du mir geliehen hast, haben mir sehr gefallen.

IV. Reliez les phrases suivantes par un pronom relatif:
1. Les élèves ne font pas attention. Le professeur s'est plaint d'eux.
2. Je lui ai rappelé notre invitation. Il l'avait oubliée.
3. La ville de Troyes est située en Champagne. Elle est un grand centre culturel.
4. Nos voisins viennent ce soir. Leurs enfants sont très bien élevés.
5. Les fleurs sont magnifiques. Mon fils me les a offertes.
6. C'est une amie fidèle. J'ai de l'amitié pour elle.
7. J'ai reçu des cartes postales; je ne comptais pas sur ces cartes.
8. Montrez-moi le livre de cuisine. Vous m'en avez beaucoup parlé.
9. C'est une bonne nouvelle. Je ne m'y attendais pas.
10. Le jardin est splendide. Il s'étend tout autour de la maison.
11. Lis mon exposé; j'y travaille depuis quinze jours.

V. Complétez le texte par le pronom relatif qui convient:
Les quelques jours . . . . . [1] nous passâmes au lac de Garde furent merveilleux. La seule chose . . . . . [2] peut-être laissât à désirer était le fait que nous ne pouvions pas tellement communiquer avec les occupants de l'hôtel, ... [3] beaucoup ne parlaient qu'italien. Le lac . . . . . [4] on ne distinguait pas bien les contours dans la brume matinale s'étendait là devant nous, calme et serein. Les voiliers . . . . . [5] défilaient devant nos yeux apportaient un peu de vie à la tranquillité de l'endroit . . . . . [6] nous n'avions pas choisi, mais tout simplement découvert. Les serveurs de l'hôtel . . . . . [7] l'amabilité était apparente s'étonnaient toujours que nous prenions le petit déjeuner dehors à cette époque encore froide. Notre table, de . . . . . [8] nous pouvions contempler le paysage, se trouvait au milieu de la terrasse . . . . . [9] longeait les baies vitrées du restaurant dans . . . . . [10] se tenait le personnel attentif à nos désirs. Mais . . . . . [11] nous avions besoin c'était surtout le repos . . . . . [12] nous aspirions depuis des semaines.
[le lac de Garde: Gardasee; aspirer à qc.: sich nach etwas sehnen]

Grammatikregeln

§14 Die indefiniten Begleiter (les déterminants indéfinis)

	1. **tout, toute, tous [tu], toutes**
Il a mangé { tout le pain / toute la glace / tous les gâteaux / toutes les tartelettes	tout, toute } ganz tous, toutes } alle (ohne Unterschied)
Il invite chaque fille de la classe. Chaque jour de vacances est trop vite passé.	2. **chaque** jede, jeder (einzelne)
Je **n'**ai vu aucun film d'Alain Bonnot. Je **ne** vois pas une seule amie.	3. **aucun, aucune; pas un, pas une:** kein einziger, keine einzige

Beachte:
Zu den indefiniten Begleitern zählen noch:

certain(e)s	gewisse	différent(e)s	verschiedene	(un) autre	(ein) anderer
plusieurs	mehrere	(le) même	derselbe, gleiche	(un) tel	(ein) solcher
quelques	einige				

§15 Die indefiniten Pronomen (les pronoms indéfinis)

1. **quelqu'un** ⟷ **personne**; **quelque chose** ⟷ **rien**
   (jemand ⟷ niemand); (etwas ⟷ nichts)

bejaht	verneint
Subjekt: Quelqu'un désire me parler? Quelque chose t'ennuie?	Non. Personne. Personne **ne** désire te parler. Non. Rien. Rien **ne** m'ennuie.
Objekt: Vous avez rencontré quelqu'un? Avez-vous mangé quelque chose?	Non. Personne. Nous **n'**avons rencontré personne. Non. Rien. Non, nous **n'**avons rien mangé.

Beachte:
1. In verneinten Sätzen steht vor dem konjugierten Verb «ne».
2. «ohne etwas» heißt «sans **rien**»: Elle a quitté la table sans rien manger.

2. **quelques-uns, plusieurs**   **pas un seul, aucun**
   (einige   mehrere)   (nicht einer, keiner)

bejaht	**verneint**
Subjekt: Quelques-unes de ces peintures me plaisent vraiment. Plusieurs de ces peintures me plaisent vraiment. **Objekt:** Tu as acheté quelques-unes de ces peintures? Tu en as acheté quelques-unes? Tu en as acheté plusieurs?	Pas une seule⎫ Aucune ⎬ **ne** me plaît Non. Je **n'**en ai pas acheté une seule. Non. Je **n'**en ai acheté aucune.

3. **tous** [tus], **toutes**; **chacun,e**; **tout le monde**; **tout**
   (alle   ; jede,r   ; jedermann   ; alles)

– Avez-vous lu tous ces livres?   [tu]
– Oui, je les ai **tous** lus.   [tus]
– Tous m'ont plu.
  (= Ils m'ont tous plu).
 	
– Elle a rangé toutes ses affaires?
– Oui, **toutes** sont rangées.
  (= Elles sont toutes rangées.)
– Elles les a toutes rangées.
 	
– **Chacun** de ses amis est sympathique.
– Il faut inviter chacun d'eux.
 	
La soirée a été longue mais à minuit **tout le monde** était parti.
 	
Cet élève apprend **tout** par cœur.
	tous [tus]
	toutes [tut]
	– alle (in einer als bekannt vorausgesetzten Gruppe).
	
	Beachte die Aussprache:
	tous [tu] (Begleiter)
	tous [tus] (Pronomen)
	
	chacun, chacune: jeder, jede einzelne
	
	tout le monde: alle (ohne Bezug auf eine schon erwähnte Gruppe)
	
	tout: alles (für eine Gesamtheit von Gegenständen oder Sachverhalten)

4. Beachte folgende Besonderheit: **tout, tous, toutes + Relativsatz**

Dis-moi **tout ce qui** manque. Prenez **tout ce que** vous voudrez. Je prêterai ce livre à **tous ceux qui** s'y intéressent. Les photos? Je te donne **toutes celles que** tu aimerais avoir.	**Subjekt:** tout **ce qui** alles was **Objekt:** tout **ce que** alles was **Subjekt:** tous **ceux** qui alle die **Objekt:** tous **ceux** que alle die

Beachte:
Zu den indefiniten Pronomen zählen noch:

n'importe lequel	irgend einer
n'importe qui	jeder beliebige
n'importe quoi	irgend etwas

Übungen

I. Complétez par la forme convenable de «tout», «chacun» ou par «chaque».
 1. J'ai acheté de belles pommes, mais . . . . . n'étaient pas de même qualité.
 2. Je vais répéter pour . . . . . ceux qui n'ont pas compris.
 3. Elle a rapporté un petit souvenir pour . . . . . de nous.
 4. . . . . . jeunes filles de la classe de première participent à ce concours.
 5. Il vient . . . . . année nous rendre visite.
 6. Nous écoutons les informations . . . . . jours à 14 heures.
 7. Est-ce . . . . . ce que vous avez à me dire?
 8. Les Leroy ont quatre filles; ils ont offert un équipement de ski à . . . . . d'elles.
 9. Dans cette revue, il y a de la réclame à . . . . . page.
 10. . . . . . matin, il part à la même heure.
 11. A Oléron, nous avions de la tempête . . . . . nuits.
 12. Voilà . . . . . ce qui me manque.
 13. Comme vous m'avez aidé je vais donner une récompense à . . . . . .
 14. . . . . . celles qui manqueront ce jour-là devront rattraper les cours perdus.
 15. Notre vieux voisin a des rhumatismes à . . . . . changement de temps.
 16. Ils ont trop d'amis; ils ne peuvent pas les inviter . . . . . .
 17. «Accusé, dites . . . . . vérité.»

II. Mettez les parties de phrases soulignées à la forme négative ou à la forme affirmative, selon le cas:
 1. Quelqu'un l'a vu.
 2. Elle n'a reçu aucune lettre d'Amérique.
 3. Cet auteur a écrit beaucoup de romans dont pas un seul n'a été un succès.
 4. Ces gens possèdent plusieurs maisons.
 5. J'ai bu quelque chose avant de me mettre au travail.
 6. Dans cet endroit, on ne rencontre personne.
 7. Ce sont de beaux gâteaux. J'en prends plusieurs.
 8. Elle ne m'a rien dit.
 9. De bonnes notes? Il n'en a pas eu une seule depuis le début de l'année.
 10. Je vois quelqu'un à la caisse.

III. Traduisez:
1. Wir haben einige Tage in Tours verbracht.
2. Alle Häuser dieses Viertels sind zu verkaufen.
3. Jedes hat zwei Stockwerke.
4. Der Wind bläst von allen Seiten.
5. Viele Freunde haben uns besucht, aber einige sind nur eine Stunde geblieben.
6. Er kann uns nichts leihen (prêter).
7. Du sollst ihr etwas sagen.
8. Alle waren zum Wegfahren fertig.
9. Man darf nicht alles glauben.
10. Niemand hat uns zu diesem Fest eingeladen.
11. Jeder seiner Brüder ist Arzt geworden.
12. Alle seine Bücher verkaufen sich gut.
13. Er ist in die Schule gefahren, ohne etwas zu sagen.
14. Die Schüler stehen alle auf, wenn der Schulleiter hereinkommt.
15. Wer hat das ganze Geld ausgegeben?
16. Wir haben keinen einzigen Regentag gehabt.
17. Dieses Lokal (un établissement) ist nur für gewisse Leute.
18. Gib mir einige Ratschläge für unsere Reise.
19. Dieses Kind kennt mehrere Gedichte auswendig.
20. Sag nicht immer irgend etwas zu irgend jemandem.

IV. Complétez par «tous», «toutes» ou «tout le monde»:
1. Tu ne peux quand même pas inviter . . . .
2. Il y avait un grand nombre de participants; . . . . . étaient bien entraînés.
3. On m'a recommandé plusieurs dentistes, mais . . . . . sont en congé actuellement.
4. La caravane du Tour de France a offert des casquettes à . . . .
5. Cette pièce de théâtre n'a pas plu à . . . .
6. Il y a 35 élèves dans cette classe; . . . . . habitent le même quartier.
7. Parmi les spectateurs, ... n'étaient pas du même avis.
8. Elle est gentille avec . . . .

Grammatikregeln

§16 Die verbundenen Personalpronomen
(les pronoms personnels conjoints)

Formen:

Subjekt	direktes Objekt	indirektes Objekt
je	me (m') mich	me (m') mir
tu	te (t') dich	te (t') dir
il	le (l') ihn	lui ihm
elle	la (l') sie	lui ihr
on		
nous	nous uns	nous uns
vous	vous euch	vous euch
ils	les sie	leur ihnen
elles	les sie	leur ihnen

Gebrauch: wie im Deutschen.

Tu vois **le/ce/mon** crayon? → Oui, je **le** vois. Il achète **une** banane? → Oui, il **en** achète une. Elle boit **du** thé? → Oui, elle **en** boit.	**Beachte:** Die Pronomen «le, la, les» ersetzen nur direkte Objekte, die mit dem **bestimmten Artikel**, einem **Possessiv-** oder **Demonstrativbegleiter** stehen. Steht der unbestimmte Artikel oder der Partitiv, so werden sie durch «en» ersetzt. (siehe §19, 1c / § 19, 2)

Stellung: siehe §20

§17 Die unverbundenen Personalpronomen
(les pronoms personnels disjoints)

Formen:

Singular	Plural	
moi	nous	Sie haben als Subjekt und Objekt die gleiche Form.
toi	vous	
lui	eux	
elle	elles	
soi (unpersönlich)	soi (unpersönlich)	

47

Gebrauch:

Qui peut m'aider? → **Moi.**	1. Sie können **ohne Verb** stehen, z. B. in Kurzantworten.
Eux, ils n'ont jamais le temps. (Subjekt) Nous l'aimons bien, **lui.** (Objekt)	2. Sie können das verbundene Personalpronomen hervorheben.
Comptez **sur moi.** Elle fait tout **pour lui.**	3. Sie stehen **nach Präpositionen** und
Cette voiture **est à eux.**	4. nach dem Ausdruck «être à» (gehören).
Faites votre travail **vous-mêmes** et je ferai le mien **moi-même.**	**Beachte:** An die unverbundenen Personalpronomen kann «même» angehängt werden.

§18 Die Reflexivpronomen (les pronoms réfléchis)

Formen:

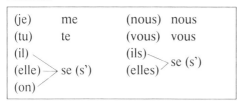

§19 Die Pronominaladverbien «y» und «en»
(les adverbes pronominaux «y» et «en»)

Gebrauch:

Versez du vin **dans un verre.**
    Versez-**y** du vin.
Danielle travaille **sur le balcon.**
    Elle **y** travaille.
	«y» vertritt eine Ergänzung mit «à, dans, en, sur, sous» etc. (außer «de») bei **Sachen.**

Nos amis arrivent **de Suisse**.
  Ils **en** arrivent.
 	
Tu te moques **de mes conseils**.
  Tu t'**en** moques.
 	
Tu veux **du gâteau**?
  Non, je n'**en** veux pas.
Vous avez **des ennuis**?
  Oui, nous **en** avons.
	«en» vertritt
	1. eine Ergänzung mit «de»
	   a) als Ortsbestimmung
	
	   b) als präpositionales Objekt (bei Sachen)
	
	   c) als Partitiv

Cet hôtel a **cinquante chambres**.
  Il **en** a **cinquante**.
Veux-tu **une pomme**?
  Oui, j'**en** veux **une**.
	2. Substantive **nach Zahlen** (dazu zählt auch der unbestimmte Artikel un/une). Die Zahl darf dabei **nicht** weggelassen werden.

Beachte:
Bezeichnen die Pronomen **Personen** (und nicht Sachen), so steht auch nach «de» das **un**verbundene Personalpronomen:
Tu te moques **de Christine**. Tu te moques **d'elle**.

§ 20 Die Stellung der Objektpronomen beim Verb

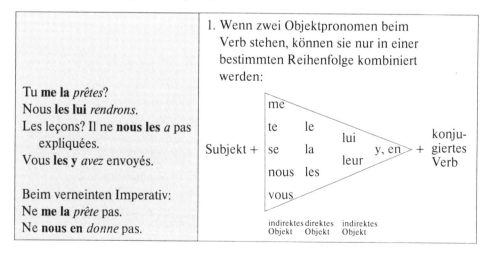

Il me présente à eux.
(Er stellt **mich** ihnen vor.)
Elle m'a présenté à elle:

Beim verneinten Imperativ:
Ne nous présente pas à eux.

2. Bezeichnen «me, te, se, nous, vous» ein **direktes** Objekt, so gilt folgendes Stellungsmuster:

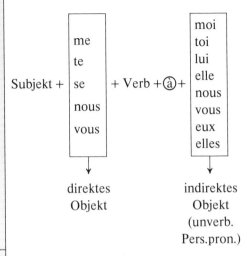

Je vais **vous la** *raconter.*
Il voulait **me le** *dire.*
Je préférerais **la leur** *donner.*
Il n'ose pas **le lui** *dire.*
Je ne peux pas **le lui** *promettre* avant demain.

Je l'ai *entendu* descendre.
Nous l'avons *vu* revenir.
Il **m**'a *regardé* danser.
Nous **la leur** *faisons* chanter.

3. Bei modalen Hilfsverben (aller, devoir, oser, pouvoir, savoir, vouloir) sowie bei «aimer (mieux)» und «préférer» + Infinitiv stehen die Pronomen **vor dem Infinitiv,** dessen Objekt sie sind.

Bei den Verben «laisser, faire, entendre, écouter, voir, regarder, sentir, envoyer, mener» + Infinitiv stehen die Pronomen jedoch **vor dem konjugierten Verb.**

Raconte-les-leur.
Menez-nous-y.

4. Beim bejahten Imperativ stehen die Pronomen nach dem Verb, wobei das direkte Pronomen immer vor dem indirekten steht.

Beachte:
In der 1. und 2. Person Singular stehen hinter dem bejahten Imperativ die betonten Formen «moi» und «toi», wenn kein weiteres Pronomen folgt.

Emmène-**moi** au thêâtre.
Dites-le-**moi.**
Aber:
Donnez-**m**'en.

Übungen

Révisez d'abord l'accord du participe passé (§ 31. 1-4).

I. Remplacez les mots soulignés par des pronoms personnels ou «y» ou «en»:
 1. Elle vous raconte des histoires.
 2. Elle a raconté ses vacances à ses parents.
 3. Je vous recommande ce livre.
 4. Il nous a offert des chocolats.
 5. Elle t'a apporté les fleurs qui sont sur la table.
 6. N'oblige pas Pierre à reprendre du gâteau.
 7. Demandez à Nicole ce qu'elle veut pour Noël.
 8. M. Michelet s'est fait couper les cheveux chez un grand coiffeur.
 9. Nos voisins ont quatre chats.
10. Nous entendons gronder l'orage.
11. Ses parents ne peuvent pas lui offrir ce cadeau.
12. Il faut avoir vu ce film.
13. Voyez-vous le bateau passer au loin?
14. Pourquoi pars-tu sans Christiane?
15. Tu ne peux pas rester plus longtemps chez les Amirault.
16. Ils ont des parents (Angehörige) en Angleterre.
17. Nous avons parlé de nos projets à nos amis.
18. J'ai entendu souffler le vent toute la nuit.
19. Voulez-vous emporter ces biscuits à vos enfants?
20. Mets ton manteau.
21. Ne mets pas mes bottes.
22. Quand rendras-tu ces disques à Claudine?
23. Brigitte achète un paquet de cigarette pour son père.
24. Prenez du sucre.
25. Ne mangez pas de bonbons.
26. Luc pense souvent à Geneviève.
27. Retirez assez d'argent pour vos vacances.
28. Je ne veux pas toucher à cet appareil.

II. Remplacez les mots soulignés par «y» ou par «en»:
 1. Elle a beaucoup de soucis en ce moment.
 2. Ne t'occupe pas de mes affaires.
 3. Combien de boissons as-tu commandées?
 4. Pensez à vos achats.
 5. As-tu sorti les bouteilles du placard?
 6. Rangez vos affaires dans cette armoire.

7. Les spectateurs ont félicité le gagnant de sa victoire.
8. Nous déposons notre amie devant sa maison.
9. Tu dépenses trop d'argent.
10. Jetez un coup d'œil à ces photos: elles sont magnifiques.
11. Ne fais pas attention à son humeur; elle s'emporte (aufbrausen) facilement.
12. Nous avons trouvé des coquillages magnifiques sur cette île.

III. Traduisez:
1. Ich werde es dir sagen.
2. Ich habe es dir gesagt.
3. Wir müssen es ihnen zurückgeben.
4. Ich werde sie (Sing.) kommen lassen.
5. Besucht ihn. (aller voir)
6. Besucht ihn nicht.
7. Wir haben davon sprechen hören.
8. Ich möchte mit euch darüber sprechen.
9. Laß mich sprechen.
10. Lassen Sie ihn eintreten.
11. Nimm es nicht an.
12. Hast du es ihm schon erzählt?
13. Wer hat es ihr geschenkt?
14. Er tanzt mit ihr.
15. Wartet auf uns.
16. Eßt ohne mich.
17. Rechnet nicht mit ihnen.
18. Er arbeitet nur für sie (Sing.).
19. Wir haben nichts gegen dich.
20. Sprich nicht immer über sie (Plural).
21. Lassen Sie ihn nicht mit ihr wegfahren.
22. Denk nicht mehr daran und sprich nicht mehr davon.
23. Glaube es ihr nicht.
24. Sag es uns.
25. Ich werde Sie dorthin fahren (conduire).
26. Pauline ist in England; sie kommt bald von dort zurück.
27. Gehst du gern ins Kino? Wir könnten hingehen.
28. Meine Schlüssel sind nicht mehr auf dem Tisch! Ich hatte sie doch draufgelegt. (= dorthin gelegt).
29. Wer hat diese Karte gespielt, du oder ich?
30. Dieses Kleid? Ich habe es nach Maß (sur mesures) anfertigen lassen.

IV. Remplacez les mots soulignés par «y», «en» ou par le pronom personnel qui convient:
1. Mes élèves sont revenus fatigués de leur excursion.
2. Tu parles mal de tes professeurs.
3. Ne vous approchez pas de la cage aux lions.
4. Nous avons assisté à son mariage.
5. Marianne s'occupe très bien de son petit frère.
6. Elle ment souvent à son père.
7. Je vous remercie de votre invitation.
8. Les employés de ce bureau ont peur de leur patron.
9. Je me souviens bien de ces gens.
10. Tu peux être fier de tes résultats.
11. Vous devez vous mettre au travail.
12. Les enfants des Legrand ne ressemblent pas à leurs parents.
13. J'ai envie d'un bon café.
14. Elle n'a jamais cru aux promesses de ce garçon.
15. Il n'est pas content de ses enfants.
16. Il est fâché de leur attitude.
17. Nous n'étions pas préparés à cette déception.
18. Ils ne se sont pas aperçu du danger.

§21 und § 22: Die Interrogativbegleiter und Interrogativpronomen
(les déterminants et les pronoms interrogatifs)

Überprüfen Sie Ihren Wissensstand.

Complétez par le pronom ou le déterminant interrogatif qui convient: références

1. Pour ..... raisons agis-tu ainsi?   § 21
2. ..... tu veux faire plus tard?   § 22.2
3. ..... a été décidé lors de la conférence?   § 22.2
4. A ..... faites-vous allusion? – A la situation actuelle.   § 22.2
5. De ..... est-ce que vous voulez parler? De votre amie?   § 22.1
6. Ces émaux sont magnifiques.
   ..... (Welche) avez-vous faits vous-mêmes?   § 22.3
7. Beaucoup de choses m'intéressent. – ..... par exemple?   § 22.2 / 23.3
8. As-tu entendu ..... j'ai dit? – Non, ... ?   § 22.2
9. ..... a cassé le vase du salon?   § 22.1
10. Je pense souvent à nos amis français. –
    Ah oui, ... en particulier?   § 22.3 / 22.1

Grammatikregeln

§21 Die Interrogativbegleiter (les déterminants interrogatifs)

Quel parfum		«quel» + Substantiv:
Quelle robe	voulez-vous?	«quel» richtet sich in Geschlecht
Quels cadeaux		und Zahl nach seinem
Quelles chaussures		Beziehungswort

§ 22 Die Interrogativpronomen (les pronoms interrogatifs)

Qui viendra à cette réception?
Qui est-ce qui viendra?
Qui as-tu invité?
Qui est-ce que tu as invité?
Avec qui part-il en vacances?
Pour qui fais-tu ce gâteau?
Raconte-moi qui est venu
            à qui tu as écrit
            qui tu as invité.
	1. **Fragen nach Personen**
	Subjekt: «**qui**» oder «**qui** est-ce qui»
	       (wer?)
	Direktes Objekt: (wen?)
	«**qui**» oder «**qui** est-ce que»
	nach Präpositionen:
	«**qui**» (mit wem? für wen?)
	Beachte: In der **in**direkten Frage ist nur «qui» korrekt.

Qu'est-ce qui lui arrive?
 	
Qu'est-ce que Michèle a fait à Paris?
Que fait Michèle?
 	
De quoi vit-il? (De quoi est-ce qu'il vit?)
A quoi travaillez-vous? (A quoi est-ce que vous travaillez?)
 	
Que dire encore à ce sujet?
Que/Quoi dire?
– Je vais t'expliquer.
– Quoi?
 	
Raconte-moi ce qui t'arrive
            ce que tu fais
            de quoi tu vis.
	2. **Fragen nach Sachen**
	Subjekt: (was?)
	    «**qu**'est-ce qui»
	
	direktes Objekt: (was?)
	    «**qu**'est-ce que»
	    «**que**», wenn der Satz keine Ergänzung hat.
	Nach Präpositionen:
	«**quoi**» (wovon, woran?)
	
	vor einem Infinitiv:
	a) mit Ergänzung: «**que**»
	b) ohne Ergänzung: «**quoi**» oder «**que**»
	alleinstehend:
	«**quoi**» (was?)
	
	Beachte:
	In der **in**direkten Frage steht
	«ce qui» (Subjekt),
	«ce que» (direktes Objekt)
	«quoi» (nach Präpositionen)

Regarde ces tableaux. Lesquels préfères-tu? Les caves d'Anjou sont célèbres. Lesquelles connais-tu?	3. **lequel** Frage nach **bestimmten** Personen oder Sachen aus einer Gruppe (welcher?)

55

J'ai écrit à plusieurs amies. – Auxquelles? J'ai entendu parler de beaucoup de ses livres. – Desquels? Il y a de la neige sur quelques sommets. – Sur lesquels?	**nach Präpositionen** (welche?) à + lequel auquel de + lequel duquel à lesquel(le)s auxquel(le)s de + lesquel(le)s desquel(le)s

Übungen

I. Transformez les questions directes en questions indirectes; commencez par «dites-moi».
1. Qui a téléphoné?
2. De qui parle-t-il?
3. A qui écrivez-vous?
4. Qu'est-ce qui est arrivé?
5. Qui voulez-vous voir?
6. Que désirez-vous?
7. A quoi est-ce que vous rêvez?
8. De quoi s'agit-il?
9. Qu'est-ce qu'on vous a conseillé?
10. Qu'est-ce qui a transformé votre vie?
11. Qui avez-vous rencontré?
12. Sur quoi comptez-vous?
13. Qu'est-ce que vous vous imaginez?
14. Quelles régions de France préférez-vous?

II. Posez des questions correspondant aux mots soulignés:
   (Les phrases 7., 9., 10., 16.: réponse: «je» → question: «tu»)
1. <u>Béatrice</u> a gagné le premier prix.
2. Le gagnant a remporté <u>une belle victoire</u>.
3. Ces appareils servent <u>à humidifier l'air</u>.
4. Ce bateau est <u>à Jacques</u>.
5. Elle a peur <u>des maladies</u>.
6. Cet enfant consacre trop de temps <u>à ses devoirs</u>.
7. J'ai coupé le rôti <u>avec un couteau très tranchant</u>.
8. Il est <u>neuf</u> heures.
9. J'ai préféré la pièce <u>de Ionesco</u>.
10. Je vais acheter la robe <u>jaune</u>.
11. <u>Françoise Dorin</u> a écrit plusieurs romans célèbres.
12. Danièle a <u>seize ans</u>.

13. Nicole <u>tricote</u>.
14. Nous allons contribuer <u>à l'achat de ta voiture</u>.
15. C'est <u>Bernard</u> qui a répandu la nouvelle.
16. J'ai fait la connaissance <u>de ce médecin</u> à une soirée.

III. Traduisez:
1. Von wem sprichst du?
2. Sag mir, von wem du sprichst.
3. Woran denkst du?
4. Sag mir, woran du denkst.
5. Mit wem hast du diese Reise gemacht?
6. Womit malst du?
7. Wer wird mir helfen?
8. Was suchst du?
9. Wen habt ihr getroffen?
10. Worüber hat der Lehrer gesprochen?
11. Erzähle mir etwas. – Was?
12. In Köln gibt es viele Kirchen. Welche hast du schon besichtigt?
13. Welches sind deine Lieblingsblumen? (Lieblings- = préféré)
14. Ich würde gern eine Fremdsprache lernen, aber welche?

IV. Complétez par des pronoms ou des déterminants interrogatifs:
1. J'aimerais savoir . . . . . tu as dans la tête.
2. De . . . . . vous plaignez-vous?
3. Elle voudrait l'aider, mais . . . . . faire pour lui?
4. A . . . . . trouve-t-elle une consolation?
5. . . . . . écrivent vos amis?
6. Tu connais quelques morceaux de Bach; . . . . . peux-tu me jouer sans faute?
7. Il y a du givre (Rauhreif) sur les arbres. – Sur . . . . . ? Je ne vois rien.
8. A . . . . . amies as-tu fait tes adieux?
9. . . . . . offrir à un enfant qui a déjà tout?
10. Il faudrait que j'achète quelque chose pour Claude, mais . . . . . ?
11. Parfois il ne sait plus . . . . . il dit.
12. . . . . . me déplaît en lui, c'est son égoïsme.
13. Vous aimez les films de Chabrol? . . . . . avez-vous vus?
14. Pierre a été enthousiasmé par vos estampes. – Par . . . . . en particulier?
15. Si je savais . . . . . te ferait plaisir, j'achèterais enfin ton cadeau d'anniversaire.
16. Sur . . . . . peut-on encore compter et en . . . . . peut-on encore avoir confiance?
17. J'aurais encore beaucoup de choses à te dire. – . . . . . ?
18. Va voir . . . . . Mathieu fait dans sa chambre.

Das Adjektiv
(L'adjectif)

Grammatikregeln

§ 23 Die Veränderlichkeit des Adjektivs

Das Adjektiv richtet sich in attributiver und prädikativer Stellung in Geschlecht und Zahl nach dem Nomen, auf das es sich bezieht.

Aimez-vous la salade verte? Ce sont de bonnes oranges.	1. **attributive Stellung** (direkt beim Nomen)
Cette salade est verte. Ces oranges sont bonnes.	2. **prädikative Stellung** (nach bestimmten Verben wie «être»)
Danièle et Gérard sont sportifs. La littérature et l'esprit allemands.	3. Bezieht sich das Adjektiv auf mehrere Nomen verschiedenen Geschlechts, so steht es im Maskulin Plural.

un coin tranquille une rue tranquille un chemin étroit une rue étroite Beachte die Schreibung: aigu, aiguë ambigu, ambiguë	**Femininum und Maskulinum:** – Ungefähr 50% aller Adjektive haben nur eine Form und enden immer auf -e – Das Femininum der anderen Adjektive wird durch Anhängen von -e an das Maskulinum gekennzeichnet.

– un beau parc
  un bel appartement
  une belle maison
 – un vieux garçon
  un vieil homme
  une vieille femme
 – un nouveau client
  un nouvel élève
  une nouvelle amie
	– Einige Adjektive haben drei Formen im Schriftbild. Die Formen «bel, vieil, nouvel» werden nur im Singular verwendet, und zwar vor maskulinen Substantiven, die mit Vokal anlauten.

Adjektive mit besonderer Schreibweise in der femininen Form
(was nicht unter „beachte" angeführt ist, folgt dem angebenenen Muster, mit Ausnahme einiger selten gebrauchter Adjektive)

-er	-ère	-et	-ète
léger	légère	complet	complète
Beachte die Aussprache:		**Beachte:**	
cher [ʃɛ:r]	chère	cadet	cadette
amer [amɛ:r]	amère	coquet	coquette
fier [fjɛ:r]	fière	muet	muette
		net [nɛt]	nette
-ier	**-ière**		
dernier	dernière	**-s**	**-sse**
		gros	grosse
-eux	**-euse**	bas	basse
curieux	curieuse	ebenso:	
		faux	fausse
-eur	**-euse**	roux	rousse
menteur	menteuse	**Beachte:**	
Beachte:		doux	douce
consolateur	consolatrice		
destructeur	destructrice	**-(i)en**	**-(i)enne**
		ancien	ancienne
-el	**-elle**	européen	européenne
naturel	naturelle		
		-on	**-onne**
-eil	**-eille**	breton	bretonne
pareil	pareille		
-ul	**-ulle**		
nul	nulle		

Sonderformen:

sec	-	sèche	sot	-	sotte
blanc	-	blanche	long	-	longue
franc	-	franche	gentil [ʒɑ̃ti]	-	gentille [ʒɑ̃tij]
frais	-	fraîche	favori	-	favorite
actif	-	active	turc	-	turque
bref	-	brève	grec	-	gre**cqu**e
naïf	-	naïve	public	-	publique
neuf	-	neuve	vainqueur	-	victorieuse
vif	-	vive	hébreu	-	hébraïque
juif	-	juive			

un chat noir des chats noirs	**Singular und Plural:** Der Plural wird meist durch Anhängen eines -s an den Singular gebildet.
un nouveau livre de nouveaux livres	**Sonderformen:** - Maskuline Singularformen auf -eau erhalten im Plural ein -x
un fauteuil bas des fauteuils bas un bijou précieux des bijoux précieux	- Maskuline Singularformen auf -s und -x bleiben im Plural unverändert.
un principe moral des principes moraux	- Maskuline Singularformen auf -al bilden den Plural Maskulinum auf -aux
ebenso: **beachte aber:** amical, -aux banal, -s brutal, -aux final, -s génial, -aux fatal, -s etc. naval, -s	
des paroles aigres-douces **aber:** des ondes ultra-courtes	Bei **zusammengesetzten** Adjektiven werden nur die Elemente verändert, die auch alleinstehend veränderlich sind.
des pantalons bleu marine	**Zusammengesetzte Farbadjektive** sind unveränderlich

des robes marron
             orange
             aubergine
	Farbadjektive, die von **Nomen** abgeleitet sind, sind ebenfalls unveränderlich.

§ 24 Die Stellung des attributiven Adjektivs

- une jupe jaune - un objet pointu - une amie anglaise - le parti démocrate - les rites musulmans	1. **Nachgestellt:** Adjektive, die - Farben - Formen - Nationalitäten - politische Zugehörigkeit sowie - Religionen bezeichnen;
- un salon confortable - un homme bon comme la vie - des jardins fleuris	- mehrsilbige Adjektive - Adjektive mit Ergänzungen - als Adjektiv gebrauchte Partizipien

- un vieil ami - une mauvaise surprise - de vilaines manières - de courtes vacances (Dauer) - une veste courte (math. Länge)	2. **Vorangestellt** werden folgende kurze und häufig gebrauchte Adjektive: grand, petit; jeune, vieux; bon, mauvais; long, court; beau, joli, gros, vilain. **Beachte:** In **räumlicher** Bedeutung steht «court» fast immer, «long» meist nach.
- un ancien officier (ehemalig) - une armoire ancienne (sehr alt) - une nouvelle voiture (anderes) - des idées nouvelles (neuartig) - sa propre mère (eigen) - un hôtel propre (sauber)	3. **Adjektive mit wechselnder Bedeutung** bei Voran- bzw. Nachstellung: ancien nouveau propre Weitere Fälle siehe G.d.h.Fr. §83
- un voyage long et beau - un hôtel propre et moderne - un chat gros et paresseux	4. **Stellung mehrerer Adjektive** beim Nomen: Es ist immer richtig, beide Adjektive, mit «et» verbunden, nachzustellen, gleich ob sie allein vor- oder nachgestellt würden. Andere Möglichkeiten siehe G.d.h.Fr. §84.

§25 Die Vergleichsformen des Adjektivs

- Pierre est **aussi** grand **que** moi. - Elle est **moins** grande **que** moi. - Elle est **plus** sportive **que** moi.	1. **Komparativ:** Gleichheit: aussi . . . que Unterlegenheit: moins . . . que Überlegenheit: plus . . . que
- Quelle est la ville **la moins** touristique de la côte? - Qui est **le plus** entêté de tous?	2. **Relativer Superlativ** Unterlegenheit: le/la/les moins + Adj. Überlegenheit: le/la/les plus + Adj.
- Elle est extrêmement douée.	3. **Absoluter Superlativ:** extrêmement/très/tout à fait + Adj.

Sonderformen:

bon, -ne	– meilleur,e	– le/la/les meilleur(e, s)
petit,e (gering)	– moindre	– le/la/les moindre(s)
mauvais,e (schlimm)	– pire	– le/la/les pire(s)

Übungen

I. Accordez les adjectifs entre parenthèses:
1. Dans ce restaurant nous avons mangé de ..... glaces. (gros)
2. Regarde ces pierres ..... dans la vitrine du bijoutier. (précieux)
3. Avez-vous visité les chantiers ..... de St. Nazaire? (naval)
4. Ce pays connaît une crise ...... (financier)
5. Aimez-vous les crêpes ..... ? (breton)
6. Ces chaises ..... (bas) sont d' ..... (ancien) prie-dieu [m.] (Gebetsstühle).
7. Elle mène une vie très ...... (actif)
8. Le prêtre lui a dit des paroles ...... (consolateur)
9. La crème de ce gâteau est trop ...... (gras)
10. Il y a malheureusement encore beaucoup de maladies ...... (mortel)
11. Brigitte est une amie ..... (discret) qui, de plus, n'est jamais ..... (jaloux).
12. Le blessé avait reçu des coups ..... sur tout le corps. (brutal)
13. La cuisine ..... est très aromatisée. (grec)
14. Les héroïnes de Balzac sont tantôt ..... (naïf), ... (sot), ... (cruel), ... (coquet), ... (destructeur), mais jamais ..... (banal).
15. Donnez-moi une réponse ..... (franc) et je vous donnerai carte ..... (blanc).
16. Je n'aime pas sa mine ...... (moqueur)
17. Il est difficile de connaître la valeur ..... (réel) de ces assiettes ..... (ancien).
18. Elle a des parents très ...... (libéral)
19. Parfois les infirmières passent des nuits ..... à l'hôpital. (entier)
20. De notoriété ....., on savait qui était le coupable. (public)
21. Je vais acheter ce sac et ces chaussures ...... (noir)
22. On peut facilement confondre les langues ...... (italien, espagnol)

II. Accordez les adjectifs et mettez-les à la place qui convient:
1. Maupassant a écrit un roman qui s'apelle « ..... Ami ..... ». (beau)
2. Etes-vous membre du ..... club ..... ? (franco-allemand)
3. Marianne n'est restée qu'un ..... instant ..... à la maison. (court)
4. Un guide me conduisit dans une ..... pièce ..... (embaumé = duftend), mais je ne reconnus pas cette ..... odeur ..... (frais et exquis).
5. On nous apporta une ..... brioche ...... (dur comme de la pierre)
6. Des ..... rideaux ..... (rouge foncé) encadraient les fenêtres de ..... façon ..... (très décoratif).
7. Sa ..... secrétaire ..... tape très vite. (nouveau)
8. Ce sera une ..... soirée ..... (élégant); mets une ..... robe ..... (long) et des ..... chaussures ..... (habillé).
9. Ce sont là ses ..... paroles ...... (propre)
10. Cette ..... fille ..... (boudeur) aura des difficultés avec son ..... caractère ..... (mauvais).

III. Comparez les deux éléments de phrase:
a) égalité (Gleichheit)
b) supériorité (Überlegenheit)
c) infériorité (Unterlegenheit)

1. Notre professeur de géographie est sévère, celui de français l'est aussi.
   (a, b, c)

2. Nadine est bonne en dessin, Nathalie l'est aussi.
   (a, b, c)

3. En Corse, certaines routes sont mauvaises, en Grèce aussi.
   (a, b, c)

4. La grippe de Claude est mauvaise (schlimm), celle de son frère aussi.
   (a, b, c)

IV. Traduisez:
1. Ich habe nicht die geringste Ahnung davon.
2. Sie ist äußerst empfindlich (susceptible).
3. Kennst du das beste Restaurant der Stadt?
4. Wir haben die älteste Kirche der Gegend besichtigt.
5. Wir haben freundschaftliche Beziehungen (rapport) mit diesen Leuten.

Das Adverb

(L'adverbe)

Grammatikregeln

Das Adverb bezieht sich auf ein Verb, ein Adjektiv oder auf ein anderes Adverb.
Es ist **unveränderlich**.
Es gibt zwei Adverbarten:
1. die einfachen (= nicht abgeleiteten) Adverbien wie alors, déjà, enfin, partout, puis, souvent, toujours, trop, bien, mal, beaucoup (+ Verb), très (+ Adjektiv oder Nomen) etc.
2. die abgeleiteten Adverbien; sie enden in der Regel auf -ment.

§ 26 Die Bildung der abgeleiteten Adverbien

soigneux, -euse	soigneusement	Das Adverb wird durch Anhängen von -ment an die feminine Form des Adjektivs gebildet.
facile, facile	facilement	
poli,e	poliment	Endet die feminine Form des Adjektivs im Lautbild auf einen Vokal, so entfällt meistens das -e
vrai,e	vraiment	
aber:		
gai,e	gaiement	
élégant	élégamment	Die meisten Adjektive auf -ent/-ant bilden das Adverb auf -emment/-amment
récent	récemment	

Sonderfälle:
Einige Adverbien enden auf **-ément**:

assurément	confusément	précisément
communément	expressément	profondément
conformément	forcément	impunément
énormément	intensément	(ungestraft)

Einige Adverbien haben unregelmäßige Formen oder Nebenformen:

gentiment	bien	gravement/grièvement (vor «blessé»)
brièvement	mieux	rapidement/vite
journellement	mal	
(zu «journalier»)		

§ 27 Die Stellung der Adverbien beim Verb

Les élèves **ont beaucoup** travaillé. Je la **rencontre souvent**. Il **faut bien** respirer.	1. Die **einfachen** Adverbien stehen **nach der Personalform** des Verbs.
J'ai **réfléchi profondément** à la question. Tu devrais **écrire lisiblement**.	2. Die **abgeleiteten** Adverbien stehen in der Regel **nach dem Vollverb**.
Généralement, elle arrive à l'heure.	3. Bezieht sich das Adverb auf den **ganzen Inhalt des Satzes**, so steht es am **Satzanfang**.

§ 28 Die Vergleichsformen des Adverbs

	Die regelmäßige Steigerung entspricht der der Adjektive.
	1. **Komparativ:**
	  Gleichheit: aussi ... que
	  Unterlegenheit: moins ... que
	  Überlegenheit: plus ... que

Il roule **aussi** vite **que** moi. Elle court **moins** vite **que** toi. Je parle **plus** vite **que** lui.	

Vous parlez **le moins** distinctement.
Elle court **le plus** vite.
	2. **Relativer Superlativ:**
	  Unterlegenheit: **le** moins
	  Überlegenheit: **le** plus
	  Beachte: der Artikel lautet **immer** «le»

Il explique **extrêmement** bien.	3. **Absoluter Superlativ:** très/extrêmement + Adverb

Sonderformen		
bien	mieux	le mieux
peu	moins	le moins
beaucoup	plus	le plus

§ 29 Adjektiv statt Adverb

Bei einigen Verben wird in bestimmten Verbindungen das Adjektiv in adverbialem Sinn gebraucht. Es ist in solchen Wendungen immer **unveränderlich**.

coûter cher	teuer sein	peser lourd	schwer wiegen
vendre cher	teuer verkaufen	parler haut/bas	laut/leise sprechen
chanter juste	richtig singen	refuser net	glatt abschlagen
chanter faux	falsch singen	sentir bon	gut riechen
sonner juste	richtig klingen	sentir mauvais	schlecht riechen
sonner faux	falsch klingen	travailler dur	hart arbeiten
deviner juste	richtig raten	tenir bon	standhalten
gagner gros	viel verdienen	voir clair	klar sehen

Übungen

I. Employez les adverbes dérivés des adjectifs entre parenthèses:
1. Elle parle toujours ..... à ses enfants. (gentil)
2. Pendant la composition, l'élève jouait ..... avec son stylo. (nerveux)
3. Le coureur a gardé ..... la même vitesse. (constant)
4. Il a répondu ..... aux questions. (confus)
5. Les petits jouent ..... dans le jardin. (tranquille)
6. Me dis-tu ..... ce que tu penses? (vrai)
7. Les paysans mangeaient ..... leur soupe. (bruyant)
8. C'est ..... ce que j'allais dire. (précis)
9. Ta sœur? Je lui ai téléphoné ...... (récent)
10. Il est ..... nécessaire que tu ailles le voir. (absolu)

II. Traduisez:
1. Dieser Handwerker arbeitet sorgfältiger als seine Kollegen.
2. Die ganze Familie grüßte höflich.
3. Luc schreibt langsamer als die anderen Schüler.
4. Diese Gruppe singt am besten.
5. Am Strand langweile ich mich am meisten.
6. Wir waren in der Gegend Frankreichs, in der es am wenigsten regnet.
7. Er malt nicht schlecht, aber seine Frau malt noch besser.
8. Überquere die Straße vorsichtig.

III. Adjectif ou adverbe? Accordez les adjectifs si nécessaire:
 1. Bien que cette chanteuse chante ..... (faux), elle est très ..... (connu).
 2. Pour ..... (bon) travailler, il faut avoir les idées ..... (clair).
 3. Je vois ..... (parfait) que tu n'as rien compris.
 4. Ce ..... (nouveau) parfum sent très ..... (bon).
 5. Ne parlez pas aussi ..... (rapide) et surtout moins ..... (bas).
 6. Elle écrit trop ..... (lent) pour avoir fini à temps.
 7. C'est un travail ..... (extrême) (difficile), mais tu peux gagner ..... (gros).
 8. Ne porte pas ton petit frère, il pèse trop ..... (lourd) pour toi.
 9. C'est une odeur ..... (terrible): ça sent ..... (mauvais) dans tout le quartier.
 10. Notre dentiste est ..... (vrai) (adroit) et parle toujours ..... (gentil) à ses clients.
 11. Manger ..... (rapide) est ..... (malsain).
 12. Michel conduit ..... (prudent), mais il réagit trop ..... (lent) dans les situations ..... (dangereux).
 13. Elle s'habille ..... (élégant) et entretient ..... (soigneux) ses vêtements.
 14. Les maisons ..... (grave) endommagées par l'orage seront reconstruites ..... (prochain).

IV. Complétez par «mauvais» ou «mal». Accordez l'adjectif si nécessaire:
 1. Ne prenez pas cet ascenseur, il fonctionne ......
 2. Cette eau sent tellement ..... qu'on ne peut même pas l'utiliser pour se laver les dents.
 3. Sans lunettes, il voit très ......
 4. Ne répète jamais ce que tu as ..... compris.
 5. Trop de soleil est ..... pour la peau.
 6. Ce médicament laisse un ..... goût dans la bouche.

V. Complétez par «bon» ou «bien». Accordez l'adjectif si nécessaire:
 1. Rien de tel qu'un ..... café pour se sentir en forme!
 2. Ce ne sera pas une ..... année pour le vin.
 3. Dans ce restaurant on mange particulièrement ......
 4. Ces panneaux n'indiquent pas ..... la direction à prendre.
 5. N'allez pas chez ce coiffeur, il ne coupe pas ..... les cheveux.
 6. L'automne est une ..... saison pour les peintres.

VI. Complétez par «meilleur» ou «mieux». Accordez si nécessaire:
1. Cet acteur joue ..... que son père.
2. Achète-toi une ..... chaîne stéréo, le son de celle-ci est épouvantable.
3. Te sens-tu ..... dans ton nouveau quartier?
4. Une promenade me semble ..... contre le mal à la tête que tant de comprimés.
5. Beaucoup de gens pensent que le veau est de ..... qualité que le porc.
6. Il ferait ..... de travailler régulièrement.

VII. Complétez par «beaucoup» ou «très»:
1. M. Duval est un professeur ..... consciencieux.
2. Ta robe me plaît ..... , je vais m'acheter la même.
3. Il a fallu des hommes ..... courageux pour découvrir de nouveaux continents.
4. Les meubles anciens sont en bois ..... solide.
5. Notre voisin fume ..... parce qu'il est ..... nerveux.
6. Pendant les vacances, je n'aime pas ..... écrire aux amis.

Die Zeiten des Verbs

Überprüfen Sie Ihren Wissensstand (§ 30 und § 31).

Complétez au passé composé: références

1. Nous . . . . . beaucoup de linge. (repasser) § 30.1 / 31.1

2. Les oiseaux . . . . . du nid. (tomber) § 30.2 / 31.3

3. Elle . . . . . clairement. (ne pas s'expliquer) § 30.2 / 31.2

4. Ces fleurs, je les . . . . . embaumer toùte la maison. (sentir) § 30.1 / 31.4

5. Tu verras les belles photos que je/j' . . . . . . (prendre) § 30.1 / 31.1

6. Elle . . . . . les ongles. (ne pas se nettoyer) § 30.2 / 31.2

7. Le professeur . . . . . malade. (être) § 30.1 / 31.1

8. Ses livres, elle les . . . . . venir par la poste. (faire) § 30.1 / 31.4

9. La fleuriste . . . . . les fleurs. (rentrer) § 30.3 / 31.1

10. Elle . . . . . à la corde dans l'appartement. (sauter) § 30.1 / 31.1

11. Il . . . . . depuis la guerre. (disparaître) § 30.3 / 31.1

12. Combien de haut-parleurs . . . . . -tu . . . . . ? (installer) § 30.1 / 31.1

Grammatikregeln

§ 30 passé composé

Das passé composé wird gebildet aus dem Präsens der Hilfsverben «avoir» bzw. «être» und dem Partizip Perfekt (participe passé) des Hauptverbs.

1. Bildung mit «avoir»

Il a eu de la chance. Nous avons été très heureux de te rencontrer.	1. die Verben «avoir» und «être»
Vous avez pris *des photos*. J'ai répondu *à ta lettre*.	2. alle Verben, die ein direktes oder ein präpositionales Objekt haben
Tu as dormi trop longtemps.	3. die meisten intransitiven Verben (Ausnahmen siehe 2.2.)
Il a fallu partir. Il a beaucoup neigé.	4. die ausschließlich unpersönlich gebrauchten Verben
Ils ont **sauté** par la fenêtre. As-tu **couru** vite?	5. die Verben, die eine Bewegungs- oder Gang**art** ausdrücken.

2. Bildung mit «être»

Pierre s'est blessé. Je me suis dépêché(e).	1. alle reflexiven Verben
Elle est montée*. Nous sommes resté(e)s* à la maison. Il est rentré tard. Elle est morte* en 1964. Ils sont tombés*. Elle est sortie* avec lui. A quelle heure êtes-vous arrivé(e,s)*? Es-tu tombé(e)* par terre?	2. die intransitiven Verben, die eine Bewegungs**richtung** ausdrücken. (Beachte 1.3., 1.5. und 3.) monter entrer / arriver / venir / naître — rester / demeurer (= bleiben) — sortir / partir / mourir / décéder descendre / tomber rentrer, retourner
Nous sommes allé(e)*s à Paris. Elle est devenue* folle.	3. die Verben «aller» und «devenir»

* Veränderlichkeit siehe § 31.2

3. Wechselnder Gebrauch von «avoir» und «être»

Il a descendu/monté la valise.
   (= hinauf-/hinuntergebracht)
Elle a rentré la voiture.
   (= hineingefahren)
Il a sorti un livre des étagères.
   (= herausgenommen)
Il a retourné son pull.
   (= gewendet oder zurückgegeben)
	Folgende Verben der Bewegungsrichtung (siehe 2.2) werden mit «avoir» verbunden, wenn sie transitiv (mit direktem Objekt) gebraucht werden: descendre, monter, rentrer, sortir, retourner.
	Beachte die Bedeutungsänderung!

Il a changé ces derniers temps. Le bijou a disparu il y a un mois. Ton frère est tout changé depuis hier. Le livre est paru depuis un an.	«changer» und «(dis)paraître» mit «avoir»: Vorgang, Tätigkeit mit «être»: Zustand

§ 31 Die Veränderlichkeit des Partizip Perfekts

1. Veränderlichkeit des Partizip Perfekts (p.p.) bei «avoir»

Nous avons dépensé toutes nos forces. Elle a écouté de la musique. Elles ont joué.	1. Das p.p. wird nicht verändert, wenn dem Verb kein direktes Objekt vorangeht.
	2. Das p.p. richtet sich in Geschlecht und Zahl nach einem vorausgehenden direkten Objekt. Dieses Objekt kann sein:
Tes sœurs? Je **les** ai **vues** hier.	a) ein Personalpronomen z.B. «le, la, les, nous» etc.
Regarde *les cartes* **que** j'ai écrit**es**.	b) das Relativpronomen «que»
Quelle histoire as-tu préféré**e**? **Combien de maisons** avez-vous visité**es**?	c) «quel» oder «combien de» plus Substantiv in Frage- und Ausrufesätzen
En voilà des gâteaux! **Lesquels** avez-vous confectionné**s** vous-mêmes?	d) das Fragepronomen «lequel»

2. Veränderlichkeit des p. p. beim reflexiven Verb

Anne s'est lavé **les mains**. wem? wen/was? (indirekt) (direkt)	Grundsätzlich gelten die gleichen Regeln wie bei «avoir» (siehe oben) 1. Ist das Reflexivpronomen **in**direktes Objekt, wird das p. p. **nicht** verändert. Das direkte Objekt steht dann nach.
Anne s'est lavé**e**. wen? (direkt)	2. Ist das Reflexivpronomen **direktes** Objekt, richtet sich das p. p. in Geschlecht und Zahl nach diesem.

Ce sont *les chaussures* **que**
                         (wen/was)
je me suis acheté**es**.
  (wem)
	3. Sonst gelten die Regeln von 1.2.

3. Veränderlichkeit des p. p. bei «être»

Je crois qu'**ils** sont rentré**s** tard. **Elle** est tombé**e** deux fois. **Elles** sont monté**es** dans le train. **Jean et Claudine** sont revenu**s**.	(Verben der Bewegungsrichtung) Das p. p. richtet sich in Geschlecht und Zahl nach dem Subjekt.

4. passé composé + Infinitiv

Je ne les ai pas laissé venir. Nous les avons fait entrer.	1. «Laisser/faire» Das p. p. dieser Verben bleibt vor Infinitiv immer unverändert.

Corinne? Je l'ai vu**e** pleurer.
Obj. von «voir»: l' (= Corinne)
= **Subj.** v. «pleurer»
→ Corinne pleure. (**Wer** weint?)
 	
Les airs à la mode?
Je les ai entendu jouer.
Obj. von «entendre»: les
Obj. von «jouer»:   les
              (**Was** spielt man?)
              (Wen)
	2. Verben der sinnlichen Wahrnehmung
	a) Ist das direkte Objekt das (Sinn)**Subjekt des Infinitivs**, so richtet sich das p. p. in Geschlecht und Zahl nach diesem Objekt.
	b) Ist das Pronomen direktes **Objekt des Infinitivs**, so bleibt das p. p. unverändert.

Übungen

Après révision des règles § 30.1. et 2., faites les exercices suivants:

I. Mettez le texte suivant au passé composé:
Quand on n'écrit pas lisiblement...
Cet après-midi, Roger s'ennuie beaucoup à la maison. Vers six heures, il décide de s'occuper un peu. Pour faire plaisir à sa mère il ouvre le buffet, prend les assiettes et met le couvert. Puis il va à la cuisine chercher les boissons. Alors le téléphone sonne. Il court dans le bureau de son père et répond. Il écrit le nom du monsieur pour ne pas l'oublier. Quand M. Lafont, le père de Roger, arrive, son fils lui parle du coup de téléphone. Roger cherche l'adresse. Il essaie de lire le nom gribouillé en vitesse, mais il ne peut pas. Son père se fâche et le traite d'idiot. Roger commence à pleurer, quitte la pièce et s'enferme dans sa chambre.

II. «avoir» ou «être»?
 1. Elle ..... pendant tout le voyage. (dormir)
 2. Il ..... il y a une heure. (sortir)
 3. Nous ..... le métro pour visiter Paris. (prendre)
 4. Ils ..... une voiture neuve. (acheter)
 5. Il ..... d'adresse. (se tromper)
 6. Tu ..... beaucoup de fautes dans ta dictée. (faire)
 7. Il ..... en 1966. (naître)
 8. ..... à l'heure? (il, arriver)
 9. Il ..... ses amis au théâtre. (apercevoir)
10. Je ..... beaucoup de cartes postales. (recevoir)
11. Il ..... deux fois voir le même film. (retourner)
12. Elles ..... dix ans en France. (vivre)
13. Le chat ..... du toit en miaulant. (descendre)
14. Patrick ..... en Bretagne où il ..... beaucoup cette année. (aller), (pleuvoir)
15. André ..... à la mer. (s'amuser beaucoup)

Exercices d'application des règles des §§ 30 et 31:

III. Mettez les verbes entre parenthèses au passé composé.
Faites l'accord des participes si nécessaire:
(Le petit Nicolas doit s'occuper de son invitée Louisette.)
Moi, je ..... (sortir) mes livres du placard et je les ..... (donner) à Louisette, mais elle ..... (ne pas les regarder) et elle les ..... (jeter) par terre. «Ça ne m'intéresse pas tes livres, elle me ..... (dire), Louisette, t'as pas quelque chose de plus rigolo?» et puis elle ..... (regarder) dans le placard et elle ..... (voir) mon avion. «Laisse ça, je ..... (dire), c'est pas pour les filles, c'est mon avion!» et je ..... (essayer) de le reprendre, mais Louisette ..... (s'écarter). [.....]
L'hélice pour remonter l'élastique, elle la ..... (faire) tourner et puis elle ..... (lâcher) ma «machine». Elle la ..... (lâcher) par la fenêtre de ma chambre qui était ouverte, et l'avion ..... (partir). «Regarde ce que tu ..... (faire), je ..... (crier). Mon avion est perdu» et je ..... (se mettre à) pleurer. «Il n'est pas perdu, me ..... (dire) Louisette, il ..... (tomber) dans le jardin, on n'a qu'à aller le chercher.»
(D'après Sempé/Goscinny: Le Petit Nicolas, Ed. Denoël 1960, pp. 84–86)

IV. Mettez le texte suivant au passé composé:
La famille Dupin profite d'une belle journée pour aller en forêt. Ils marchent pendant des heures à l'ombre des grands arbres. Tout à coup Brigitte butte et tombe sur une grosse pierre. Elle se relève tout de suite, mais son genou commence à saigner. Mme Dupin propose alors d'aller boire quelque chose et de se reposer un peu. Ils se dirigent tous vers une auberge non loin de là. Ils entrent dans une grande salle rustique et s'assoient à une table près de la fenêtre. De là, ils admirent le paysage environnant. Le garçon vient et M. Dupin commande des jus de fruits. Ils boivent, puis ils paient. Brigitte va aux lavabos et lave son genou. Quand elle revient, ils se remettent tous en route.

V. Mettez au passé composé et accordez les participes passés si nécessaire:
1. Ce sont des choses que je/j' ..... dire, mais je n'y crois pas. (entendre)
2. Les skis que tu ..... du grenier, feront encore l'affaire cette année. (descendre)
3. Pour leurs anniversaires, Martine et Luc ..... de beaux cadeaux. (s'offrir)
4. Les élèves que vous ..... attendre devant le lycée repartent cet après-midi en Angleterre. (voir)
5. Aujourd'hui elle ..... son record; elle ..... le 100 m en 58 secondes. (battre; nager)

6. Je ne sais pas pourquoi Valérie ..... inviter par ce garçon. (se laisser)
7. Ils ..... des injures, mais ils ..... peu après. (se dire; se réconcilier)
8. Pourquoi Fabienne ..... dans ce train? Il ne va pas à Paris! (monter)
9. Nous ..... gronder par nos parents parce que nous ..... trop tard. (se faire; revenir)
10. Je la/l' ..... hier et elle .... (aider; ne pas remercier)

VI. Accordez les participes passés où c'est nécessaire:
1. Où sont vos filles? – Nous les avons laissé ..... aller au cinéma.
2. C'est vrai, je les ai vu ..... passer devant chez nous (les filles).
3. Regardez ma belle nappe. Je l'ai fait ..... broder à ma femme de ménage.
4. Les Morin sont arrivé...... Je les ai fait ..... asseoir au salon.
5. Mireille voulait rentrer à l'heure, mais son ami ne l'a pas laissé ..... partir.
6. Ils ont essayé ..... de tricher, mais ils se sont fait ..... prendre.

VII. Traduisez:
1. Erzähle mir von den Filmen, die du gesehen hast.
2. Sie hat sich selbst die Haare geschnitten.
3. Ich habe sie (= Nicole) sich nicht ausruhen lassen.
4. Wir haben uns bemüht (s'efforcer de), ihnen eine Freude zu machen.
5. Die Hunde haben gehorcht und sind sofort herbeigelaufen.
6. Nein, dies sind nicht die Bücher, die ich bestellt habe.
7. Welche Freunde hast du eingeladen?
8. Hast du gesehen, wieviele Kleider sie gekauft hat?
9. Ich habe gesehen, daß sie geweint hatte.

§ 32 und § 33: imparfait und passé composé

Überprüfen Sie Ihren Wissensstand.

Mettez les verbes entre parenthèses au temps qui convient: références

1. Les jours de pluie, il (faire) ..... toujours une partie d'échecs   § 32.4
   avec son frère.
2. Il n'y a personne chez eux: ils (partir) ..... ce matin.   § 33.3
3. En été, sa sœur (nager) ..... souvent avant d'aller au travail.   § 32.4
4. Vos amis sont déjà là? – Oui, ils (arriver) ..... il y a une heure.   § 33.3
5. Chaque fois qu'il (répondre) ..... au téléphone, il   § 32.2
   (prendre) ..... note de ce qu'on lui   § 32.2
   (communiquer) ......   § 32.2
6. Nous nous (amuser) ..... beaucoup à la fête quand il   § 32.3
   (commencer) ..... à pleuvoir.   § 33.1
7. Une petite fille (s'approcher) ..... de nous,   § 33.2
   (tendre) ..... la main et nous   § 33.2
   (dire) ..... qu'elle   § 33.2
   (ne pas avoir) ..... d'argent pour acheter du pain.   § 32.1
8. Le jour où j' (apprendre) ..... cela,   § 33.4
   je (ne pas le croire) ..... tout de suite.   § 33.4
9. De notre chambre, nous (entendre) ..... les vagues qui   § 32.1
   (déferler) ..... sur la plage.   § 32.1

Grammatikregeln

Dem deutschen Präteritum entsprechen in der französischen Sprache zwei Zeit**aspekte**: das imparfait und das passé composé (literarisch das passé simple). Damit dem Deutschen der ständig wechselnde Gebrauch dieser Zeiten klar wird, müssen folgende Regeln beachtet werden:

§ 32 imparfait	§ 33 passé composé
Das **imparfait** bezeichnet	Das **passé composé** bezeichnet
1. **den Hintergrund der Erzählung** (Zustände; Begleitumstände; Geschehnisse, deren Anfang oder Ende nicht genannt werden) Nous étions en vacances; il faisait beau chaque jour. (Basis einer eventuellen weiteren Erzählung)	1. **plötzlich oder neu einsetzende Handlungen oder Geschehnisse.** Nous étions en vacances (→ § 32.3) lorsque nous avons appris cette nouvelle.
2. **die Gleichzeitigkeit** mehrerer **parallel** verlaufender Handlungen. Pendant que je lisais le journal, ma sœur regardait des magazines féminins.	2. **aufeinanderfolgende Handlungen** (die 1. ist abgeschlossen, wenn die 2. einsetzt, etc.) Ma sœur a lu le journal, puis elle a regardé des magazines et enfin elle s'est mise au travail.
3. **Handlungen, die noch andauern, wenn eine neue einsetzt.** Je regardais les photos de notre dernier voyage quand nos amis sont arrivés (→ § 33.1)	3. **Handlungen, die in der Vergangenheit abgeschlossen sind.** Ce matin, j'ai regardé les photos de notre dernier voyage.
4. **Handlungen, die sich in der Vergangenheit wiederholten** oder **gewohnheitsmäßig** geschahen. Le matin, il se levait toujours à la même heure et ne manquait jamais d'écouter les informations de sept heures.	4. **Handlungen, die sich in der Vergangenheit nur einmal** abgespielt haben. Ce matin-là, il s'est levé plus tôt et a écouté les informations de six heures.

Zu 4: Aber trotz Wiederholungen steht das passé composé, wenn die Handlungen sich in einem **bestimmten** Zeitraum oder zu einem **bestimmten** Zeitpunkt abgespielt haben.
Pendant nos **dernières** vacances, nous nous sommes levés plus tôt que l'an dernier et nous avons écouté les informations avant le petit déjeuner.
Ce jour-là, il m'a appelé plusieurs fois pour prendre de mes nouvelles.

Beachte:
Wird der Temporalsatz durch «pendant que» eingeleitet, neigt man dazu, das Imparfait sowohl im Haupt- als auch im Nebensatz anzuwenden, da «pendant que» die Gleichzeitigkeit ausdrückt.
Jedoch ist folgendes zu beachten:
1. Die Handlung des Hauptsatzes verläuft parallel zu der des Nebensatzes: in diesem Fall stehen beide Satzteile im Imparfait (siehe § 32.2):
   Pendant que ses invités prenaient l'apéritif,
         Mme Leroc terminait le déjeuner à la cuisine.
2. Während die Handlung des Nebensatzes abläuft, setzt die Handlung des Hauptsatzes neu ein. In diesem Fall steht im Nebensatz das Imparfait (siehe § 32.3) und im Hauptsatz das passé composé (siehe § 33.1):
   Pendant que ses invités prenaient l'apéritif,
         Mme Leroc a dû aller au téléphone.

Übungen

I. Mettez les verbes entre parenthèses au temps qui convient:

Un élève rêveur

Il y (avoir) ..... [1] déjà huit jours que Pierre (retourner) ..... [2] chaque matin au lycée, mais il (ne pas arriver) ..... [3] à croire que les vacances (être) ..... [4] déjà finies. Un jour, alors qu'il (rêver) ..... [5], le professeur lui (demander) ..... [6] de venir au tableau réciter les verbes irréguliers. Pierre (paraître) ..... [7] alors très surpris, (se lever) ..... [8], (aller) ..... [9] au tableau où il (commencer) ..... [10] à bégayer. Les autres (se mettre) ..... [11] à rire. Le professeur (se fâcher) ..... [12] et (renvoyer) ..... [13] Pierre à sa place. Là, il (fondre) ..... [14] en larmes et (prendre) ..... [15] la décision d'oublier la plage, le ciel bleu et les copains de vacances qu'il (aimer) ..... [16] tant retrouver chaque année.

L'orage

Ce matin-là, qui (être) ..... [1] un dimanche, la place du marché et les rues environnantes (sembler) ..... [2] très animées. Le soleil de juin (briller) ..... [3] ardemment et des groupes de jeunes (aller) ..... [4] et (venir) ..... [5] gaîment entre les baraques des forains. On (fêter) ..... [6] la St. Jean dans ce petit village de Poitou. – Tout à coup, le ciel (s'assombrir) ..... [7] et de gros nuages (apparaître) ..... [8] à l'horizon. Pourtant personne ne (s'en apercevoir) ..... [9] et chacun (continuer) ..... [10] à se distraire. Au loin, on (entendre) ..... [11] sourdement gronder le tonnerre; les hirondelles (voler) ..... ¹² plus bas et les arbres (agiter) ..... ¹³ leurs branches comme pour dire aux gens: «Rentrez vite chez vous avant la pluie.» Soudain de grosses gouttes (tomber) ..... ¹⁴ du ciel qui (avoir) ..... ¹⁵ pris la couleur du plomb, puis des éclairs (déchirer) ..... ¹⁶ le ciel. Alors les promeneurs (quitter) ..... ¹⁷ les manèges, les stands de dégustation de confiseries et, en quelques minutes, la place (se vider) ..... ¹⁸, laissant les forains seuls et déçus.

II. Mettez les verbes soulignés au temps du passé qui convient:

Un ami rancunier
Patrick: Pourquoi Richard n'ouvre-t-il pas ..... ¹ la porte quand je sonne ..... ² ?
André: Il doit ..... ³ être en train de travailler et ne veut pas ..... ⁴ être dérangé.
Patrick: Penses-tu! J'entends ..... ⁵ de la musique et des gens qui rient ..... ⁶.
André: Cela m'étonne. Il me fait ..... ⁷ toujours entrer même quand il a ..... ⁸ des invités.
Patrick: Oui, toi peut-être, mais il ne désire ..... ⁹ certainement pas me présenter à ses amis.
André: Voyons, c'est une plaisanterie; chaque fois qu'on vous voit ..... ¹⁰ ensemble, vous donnez ..... ¹¹ l'impression d'être inséparables.
Patrick: Oui, tu as raison, mais dimanche je suis sorti avec sa petite amie; c'est certainement la raison de son attitude.

III. Traduisez:
Als wir die Tür öffneten und das Haus betraten, hörten wir ein Geräusch. Da das Licht aus war, mußten wir zuerst den Schalter suchen. Man hatte den Eindruck, daß jemand da war, der uns beobachtete. Endlich machte Nicole das Licht an. Wir sahen uns um, konnten aber nichts feststellen. Ich zog meine Jacke aus und wollte sie in der Garderobe aufhängen, als ich wieder etwas hörte. Plötzlich sah ich etwas Schwarzes, das sich bewegte. Ich erkannte Minette, die Katze unserer Nachbarn.

IV. Mettez les verbes entre parenthèses à l'imparfait ou au passé composé selon le cas.

Le petit Nicolas: Je fréquente Agnan.
Je (vouloir) ..... ¹ sortir pour aller jouer avec mes copains, mais Maman me (dire) ..... ² que non, qu'il n'en (être) ..... ³ pas question, qu'elle (ne pas aimer) ..... ⁴ beaucoup les petits garçons que je (fréquenter) ..... ⁵, qu'on (faire) ..... ⁶ tout le temps des bêtises et que je (être) ..... ⁷ invité à goûter chez Agnan [...].
Moi, je (ne pas avoir) ..... ⁸ tellement envie d'aller goûter chez lui. Maman me (faire) ..... ⁹ baigner, peigner, elle me (dire) ..... ¹⁰ de mettre le costume bleu marine, la chemise blanche en soie et la cravate à pois. Je (être) ..... ¹¹ habillé comme pour le mariage de ma cousine Elvire, la fois où je (être) ..... ¹² malade après le repas. [...]

C'est la maman d'Agnan qui nous (ouvrir) . . . . . [13] la porte. «Comme il est mignon!» elle (dire) . . . . . [14], elle me (embrasser) . . . . . [15] et puis elle (appeler) . . . . . [16] Agnan [. . .] qui (venir) . . . . . [17]. Lui aussi (être) . . . . . [18] drôlement habillé; il (avoir) . . . . . [19] une culotte de velours, des chaussures blanches et des drôles de sandales noires qui (briller) . . . . . [20] beaucoup. On (avoir) . . . . . [21] l'air de deux guignols, lui et moi. [. . .]

Dans sa chambre, Agnan (commencer) . . . . . [22] par me prévenir que je (ne pas devoir) . . . . . [23] lui taper dessus, parce qu'il (avoir) . . . . . [24] des lunettes. [. . .] Je lui (répondre) . . . . . [25] que je (avoir) . . . . . [26] bien envie de lui taper dessus, mais que je ne le ferais pas. [. . .] Ça (sembler) . . . . . [27] lui faire plaisir à Agnan et il (commencer) . . . . . [28] à sortir des tas de livres. [. . .]

D'après Sempé/Goscinny: Le Petit Nicolas, Bibliothèque folio junior, éd. Denoël 1960

§ 34 plus-que-parfait und passé antérieur

Grammatikregeln

Das **plus-que-parfait** ist die Vorzeitigkeit des **imparfait**.

Je **voyais** bien qu'il n'**avait** rien **compris**.	Imparfait: Vergangenheit Plus-que-parfait: Vorvergangenheit

Das **passé antérieur** ist die Vorzeitigkeit des **passé simple**.

Quand elle **eut terminé** sa partition, elle **ferma** le piano.	Passé antérieur: Vorvergangenheit Passé simple: Vergangenheit

Beachte:
Für die Wahl von «avoir» und «être» und die Veränderlichkeit des participe passé bei diesen Tempora gelten die gleichen Regeln wie beim passé composé (siehe §§ 30, 31)
Das passé antérieur findet man vor allem nach quand (als), lorsque (als), aussitôt que, dès que, après que, à peine (+ Inversion) . . . que

Übungen (§ 34)

Reliez les phrases suivantes comme dans les exemples:
- D'abord il mangeait, ensuite il sortait le chien.
  Quand il avait mangé, il sortait le chien. (quand = immer wenn)
- Elle sortit, puis on entendit le moteur de sa voiture.
  Quand elle fut sortie, on entendit le moteur de sa voiture. (quand = als)

1. Elle m'invita à Los Angeles, puis je pris l'avion pour les Etats-Unis. (dès que)
2. D'abord Mme Dubois faisait la cuisine, ensuite ses enfants attendaient impatiemment l'arrivée de leur père. (quand)
3. Une dernière cliente acheta des fleurs et la fleuriste ferma son magasin. (après que)
4. Il regardait trop d'émissions, puis s'endormait devant la télévision. (quand)
5. D'abord il fit quelques pas vers moi, puis je le reconnus. (lorsque)
6. Elle arriva à la maison et la neige commença à tomber. (à peine ..... que)
7. Ils s'entraînaient pendant des heures, puis ils se retrouvaient au café du coin. (quand)
8. Il décidait quelque chose et nous devions obéir. (lorsque)

Grammatikregeln

§ 35 futur simple und futur composé

Das Französische hat zwei Möglichkeiten, zukünftiges Geschehen auszudrücken: das futur simple und das futur composé.

Beachte:
Im **Deutschen** wird hier meist das **Präsens** verwendet.

Nous **viendrons** chez vous le mois prochain.	**Futur simple:** das Geschehen steht ferner vom Sprechzeitpunkt. Es ist „fernes" Futur.
Il **va arriver** d'une minute à l'autre.	**Futur composé:** das Geschehen steht in enger Beziehung zum Sprechzeitpunkt. Es ist „nahes" Futur (futur proche).

§ 36 futur antérieur (futur II)

Das futur antérieur bezeichnet ein zukünftiges Geschehen, das als bereits abgeschlossen betrachtet wird.

Beachte:
Im **Deutschen** steht hier meist das **Perfekt**.

Quand j'**aurai lu** ce livre, je te le **prêterai**.	futur antérieur: Vorzeitigkeit zu futur simple.

§ 37 conditionnel

Das conditionnel als Tempus bezeichnet eine von der Vergangenheit her gesehene Zukunft. Als Zeitform steht es vor allem in der indirekten Rede (siehe §§ 39/40). Dies gilt auch für das conditionnel passé.

Il nous **a raconté** qu'il **retournerait** un jour en Afrique.	**Hauptsatz:** Zeit der Vergangenheit **Nebensatz:** Conditionnel als Ausdruck eines zukünftigen eventuellen Vorgangs.
Il nous **a promis** une invitation dès qu'il **serait revenu** de vacances.	**Hauptsatz:** Zeit der Vergangenheit **Nebensatz:** Conditionnel passé als Ausdruck eines in der Zukunft **abgeschlossenen** Vorgangs.

Übungen (§§ 35–37)

Traduisez:
1. Ich komme heute abend.
2. Sobald wir vom Schwimmbad zurückgekommen sind, bereiten wir das Abendessen zu.
3. Der Rechtsanwalt war der Meinung (être d'avis que), daß der Zeuge nicht kommen würde.
4. Er macht das Abitur in zwei Jahren.
5. Seine Mutter hat immer geglaubt, daß er ihr schreiben würde.
6. Wenn (= sobald) du den Rasen gemäht hast, fahren wir in die Stadt.
7. Michael bestätigte uns, daß seine Schwester das Buch noch vor Weihnachten gelesen haben werde.
8. Seine Freunde dachten, daß er zum Geburtstag seines Vaters anrufen würde.
9. Er hat versprochen, seine Schulden zu bezahlen, sobald er genug Geld gespart haben wird.
10. Warte, ich gebe dir ein paar Blumen aus dem Garten.

Die Bedingungssätze

(Les propositions circonstancielles de condition)

Überprüfen Sie Ihren Wissensstand.

Mettez le verbe entre parenthèses au temps qui convient:

références
§ 38

1. Je reprendrais du gâteau, si j'..... (avoir) encore faim. — Typ II B

2. Si tu ..... (aimer) la musique classique, je peux te prêter des disques. — Typ I

3. Si vous ..... (remonter) votre réveil, vous vous seriez levés à temps. — Typ III

4. Elle ..... (avoir) déjà le bac, si elle n'avait pas redoublé. — Typ II B

5. Si tu achetais moins de friandises, ton argent de poche ..... (suffire). — Typ II A

6. N'aie pas peur, si tu ..... (entendre) aboyer le chien. Il n'est pas méchant. — Typ I

7. Vous auriez rencontré Pascale à la discothèque, si elle ..... (ne pas partir) si tôt. — Typ III

8. Tu te sentiras mieux, si tu ..... (prendre) ce médicament. — Typ I

9. Si je ..... (supporter) le café, j'en reprendrais. — Typ II B

10. Il aimerait retourner en Amérique, si sa famille ..... (pouvoir) l'accompagner. — Typ II B

§ 38 Die Bedingungssätze und das Konditional als Modus

Grammatikregeln

Die Bedingungssätze werden meist durch «si» eingeleitet. Man unterscheidet folgende Fälle:

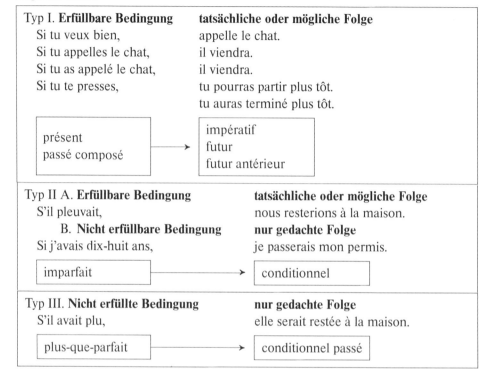

Beachte:
- Typ I und Typ II beziehen sich auf die Gegenwart bzw. Zukunft, Typ III immer auf die Vergangenheit.
- Die Typen II B und III können gemischt werden, wenn sich (bei nur gedachter Folge) einer der beiden Satzteile auf die Zukunft, der andere auf die Vergangenheit bezieht:
  Si je n'**avais** pas **perdu** mon argent **hier**,
  je **pourrais** m'acheter une moto (**demain/maintenant**).
- In der **indirekten** Rede bleiben die Typen II und III **unverändert**.
- In den mit «si» (= wenn) eingeleiteten Sätzen steht nie das Futur oder Konditional.

Unterscheide:
«wenn» = «si» (falls) in Konditionalsätzen
       = «quand» (immer wenn, sobald) in Temporalsätzen.

Übungen

I. Complétez par les verbes entre parenthèses:

A
1. Si nous habitions Paris, nous ..... parfois à l'Opéra. (aller)
2. Si vous avez de la chance, vous ..... le gros lot. (gagner)
3. Si le voleur n'avait pas vu le gendarme trop tard, il ...... (se sauver)
4. Si Patricia avait reçu mon invitation, elle ..... là aujourd'hui. (être)
5. Si nos amis n'étaient pas tombés en panne d'essence, ils ..... à l'heure pour dîner. (être)
6. Si j'avais de l'argent sur moi, je ..... des fleurs. (acheter)
7. Si tu pars, ... tes papiers. (ne pas oublier)
8. Si on lui interdisait de fumer, il le ..... en cachette. (faire)
9. Si son fils avait une moto, elle ..... toujours. (s'inquiéter)
10. Si tu as la grippe, tu ..... rester au lit. (devoir)

B
1. J'aimerais bien me reposer, si je ..... le temps. (avoir)
2. Elle aurait aidé sa mère, si elle ..... ses devoirs. (terminer)
3. Ecris-moi de vacances, si tu ...... (y penser)
4. Si vous ..... les journaux, vous vous y connaîtriez mieux en politique. (lire)
5. Mon amie serait restée plus longtemps, si ses parents ...... (le lui permettre).
6. Ma correspondante resterait encore une semaine, si ses parents ..... qu'elle revienne demain. (ne pas téléphoner)
7. Si tu ..... faire de la voile, profites-en. (aimer)
8. Si on ..... un secret, toute la ville le sait le lendemain. (lui confier)
9. Si je ..... l'italien, mon séjour à Milan aurait été plus agréable. (parler)
10. Vous ne vous lanceriez pas dans une telle aventure, si vous ..... plus raisonnable. (être)

II. Complétez par «si» ou «quand»
1. ..... tu auras rangé ta chambre, tu y verras plus clair.
2. ..... vous faisiez plus attention, vous ne casseriez pas toujours tout.
3. ..... le programme de télévision avait été intéressant, nous ne serions pas allés au cinéma.
4. ..... tu avais fait moins de sport, tu n'aurais pas de courbatures.
5. ..... vous verrez votre amie, dites-lui bien des choses de ma part.
6. Mets donc un manteau ..... tu as froid.
7. ..... il fera plus chaud, nous déjeunerons sur la terrasse.
8. ..... il venait chez nous, il apportait un cadeau à chacun.
9. ..... tu avais de la fièvre, tu n'aurais pas aussi bon appétit.
10. ..... vous vous serez lavé les dents, ne mangez plus de bonbons.

III. Traduisez:
1. Wenn Garniers Geld gehabt hätten, wären sie nach England gefahren.
2. Wenn du die Spielregeln nicht kennst, werde ich sie dir erklären.
3. Wenn Isabelle fleißiger gewesen wäre, hätte sie nicht so viele Probleme in der Schule.
4. Wenn François diese Wohnung groß genug fände, würde er sie mieten.
5. Wenn Spanien nicht so weit wäre, könnten wir dort eine Woche verbringen.
6. Zeig mir deine Hausaufgaben, wenn du schon fertig bist.
7. Wenn Colette daran gedacht hätte, hätte sie dich angerufen.
8. Wir werden keine Theaterkarten mehr bekommen, wenn du nicht gleich anrufst.
9. Wenn die Maler keine Mittagspause machen, werden sie bis heute abend das ganze Zimmer tapeziert haben.
10. Wenn die Kinder vernünftig sind, werden wir sie allein lassen.

Die indirekte Rede

(Le discours indirect)

Überprüfen Sie Ihren Wissensstand.

Mettez au discours indirect ou transformez en interrogation indirecte, selon le cas:

références

1. L'hôtesse de l'air nous informa: «Je vous servirai des boissons dans une demi-heure.» | § 39.2

2. Michel m'a demandé: «As-tu envie de faire un match de tennis avec moi ou as-tu déjà joué hier?» | § 39.2

3. Nos amis nous ont raconté: «Nous irons passer une partie de l'hiver en Andalousie.» | § 39.2

4. Dis-moi: «Qu'est-ce que tu as acheté au marché?» | § 40 / 39.1

5. Sa correspondante lui a écrit: «Quand j'aurai terminé mon stage de monitrice, je viendrai te rendre visite.» | § 39.2

6. Le professeur a dit aux élèves: «Avant vous faisiez toujours attention; depuis quelque temps vous êtes distraits.» | § 39.2

7. On nous avait prévenus: «A Paris, il est très difficile de trouver un parking et on attrape facilement un PV.» | § 39.2

8. Ma sœur m'a téléphoné: «Dimanche dernier, j'ai décidé de partir en France avec Luc.» | § 39.2

Elle a ajouté: «Nous prendrons le train après-demain.» | § 39.2

Elle m'a promis: «Luc te téléphonera quand nous serons arrivés à la gare de l'Est.» | § 39.2

Elle m'a dit: «Je te souhaite bon courage pour ton travail.» | § 39.2

Grammatikregeln

Die Zeit der indirekten Rede oder Frage hängt von der Zeit des Hauptsatzes ab.

§39 Aussagesätze (les phrases déclaratives)

1. Das Verb des Hauptsatzes steht im Präsens, Futur oder Imperativ:
   → die Zeit der direkten Rede bleibt in der indirekten Rede gleich.

Hauptsatz: Präsens, Futur	«que»-Satz (indirekte Rede)
Mon père prétend:	Mon père prétend
prétendra:	prétendra
«Pierre a mal travaillé.»	= que Pierre a mal travaillé.
«Pierre travaille mal.»	= que Pierre travaille mal.
«Pierre travaillera mieux l'année prochaine.»	= que Pierre travaillera mieux l'année prochaine.
(ebenso mit weiteren Zeiten)	

2. Das Verb des Hauptsatzes steht in einer Zeit der Vergangenheit:
   die Zeit der direkten Rede wird in der indirekten Rede wie folgt verändert:

Hauptsatz (Zeit der Vergangenheit)	«que»-Satz (indirekte Rede)
Mon père prétendait:	Mon père prétendait
prétendit:	prétendit
a prétendu:	a prétendu
avait prétendu:	avait prétendu
«Pierre **a** mal **travaillé** l'année **dernière**.»	→ que Pierre **avait** mal **travaillé** l'année **précédente**.
«Pierre **travaille** mal cette **année**.»	→ que Pierre **travaillait** mal cette **année-là**.
«Pierre **travaillera** mieux l'année **prochaine**.»	→ que Pierre **travaillerait** mieux l'année **suivante**.
«Pierre **aura perdu** beaucoup de temps à la fin de l'année scolaire.»	→ que Pierre **aurait perdu** beaucoup de temps à la fin de l'année scolaire.

Zusammenfassendes Zeitschema zu 2.:

Zeit der direkten Rede		Zeit der indirekten Rede
présent	→	imparfait
imparfait	→	imparfait/plus-que-parfait
passé composé	→	plus-que-parfait
futur	→	conditionnel
futur antérieur	→	conditionnel passé
Unverändert:		
plus-que-parfait	–	plus-que-parfait
conditionnel	–	conditionnel
conditionnel passé	–	conditionnel passé

Beachte:
Steht das Verb des Hauptsatzes in einer Zeit der Vergangenheit (siehe 2.), so verändern sich auch die **Zeitangaben**:

avant-hier	→ deux jours plus tôt	dernier	→ précédent
hier	→ la veille	la dernière fois	→ la fois d'avant
aujourd'hui	→ ce jour-là	demain	→ le lendemain
prochain	→ suivant	après-demain	→ deux jours plus tard
dans (1 heure)	→ (1 heure) plus tard		

§ 40 Fragesätze (les phrases interrogatives)

Die Regeln für die indirekte Rede (s. o. 1. und 2.) gelten auch für die indirekte Frage.
Die indirekte **Gesamtfrage** wird mit «si» (ob) eingeleitet. Vor «il» und «ils» wird «si» zu «s'».
Die indirekte **Teilfrage** wird mit einem Fragewort eingeleitet.

Direkte Frage:	Indirekte Frage:
Elle m'a demandé: «Aimes-tu les animaux?»	Elle m'a demandé **si** j'aimais les animaux.
Elle veut savoir: «Arriveront-ils demain?»	Elle veut savoir **s'ils** arriveront demain.
Il demande: «Pourquoi n'est-elle pas venue?»	Il demande **pourquoi** elle n'est pas venue.

Beachte: 1. Die indirekte Frage ist eine Aussage:
—→ kein «est-ce que»
—→ Satzstellung Subjekt – Prädikat

2. Das Fragewort «**que**» der direkten Frage wird in der indirekten Frage zu «**ce que**»

Häufige Fehlerquelle bei 1. und 2.:
Werden indirekte Aussagen mit «et, mais, donc, ou» verbunden, so **muß** nach jeder dieser Konjunktionen das «**que» wiederholt werden** (bei Gesamtfragen «si»).
z. B.: L'accusé a avoué **que** la voiture ne lui appartenait pas, **mais qu**'il n'avait pas causé l'accident **et qu**'il n'avait pas de papiers sur lui, **donc qu**'il n'avait pas la carte grise.

Übungen

Mettez au discours indirect:
I. *Mireille affirmait:*
1. «J'aurais dû me coucher plus tôt.»
2. «J'ai mal dormi la nuit dernière.»
3. «J'ai froid.»
4. «Je vais prendre un bon bain chaud.»
5. «Je me sentirai mieux après.»
6. «Ainsi, j'aurai mieux commencé la journée.»

II. *Dis-moi:*
1. «Qu'est-ce que tu en penses?»
2. «As-tu déjà lu ce livre?»
3. «Quand l'auras-tu terminé?»
4. «Pourras-tu me le rendre la semaine prochaine?»

III. Übung II mit: *Mireille m'a demandé:...*

IV. *Les Dubois nous ont raconté:*
1. «Nous sommes allés en Autriche.»
2. «Nous en gardons des souvenirs merveilleux.»
3. «Nous y retournerons l'été prochain.»
4. «Nous vous montrerons nos photos quand nous les auront développées.»
5. «Nous pourrions y aller ensemble l'année prochaine.»

V. *Pierre voulait savoir:*
1. «Est-ce que la région parisienne est surpeuplée?»
2. «Est-ce que ce sera pire dans dix ans et est-ce qu'on pourra encore construire d'autres immeubles?»
3. «Où avez-vous garé votre voiture pendant votre séjour à Paris?»
4. «Quand les Français auront-ils compris que vivre en province serait plus agréable?»

VI. *Les voisins des Meunier ont déclaré:*
1. «Vous faites trop de bruit.»
2. «Nous avons été gênés hier.»
3. «Demain vous devrez être plus discrets.»
4. «Quand vous aurez quitté le quartier, nous aurons enfin la paix.»

Wortliste
Um die häufige Wiederholung von «dire» zu vermeiden, folgt hier eine Liste von Verben, mit denen ebenfalls die **indirekte Rede** eingeführt werden kann:

admettre	zugeben	objecter	einwenden
affirmer	behaupten, versichern	se plaindre	(sich be)klagen
		prétendre	behaupten
ajouter	hinzufügen	prévenir	in Kenntnis setzen, warnen
apprendre qc à qn	jdm etw mitteilen		
assurer	versichern	promettre	versprechen
avancer	vorbringen, behaupten	proposer	vorschlagen
		protester	protestieren
avouer	zugeben	rapporter	berichten
chuchoter	flüstern	relater	melden, referieren
certifier	versichern	répéter	wiederholen
confirmer	bestätigen	répliquer	erwidern
crier	rufen, schreien	répondre	antworten
(s'écrier)	(ausrufen)	reprendre	erwidern
grogner	brummen	rétorquer	erwidern
grommeler	murren	riposter	sofort antworten
informer	mitteilen	sous-entendre	zu verstehen geben
jurer	schwören	soutenir	behaupten
laisser entendre	zu verstehen geben	téléphoner	am Telefon sagen
se lamenter	jammern		
murmurer	murmeln		
sowie: croire	glauben	pressentir	ahnen
penser	denken	supposer	vermuten

Die **indirekte Frage** wird eingeführt durch:

| demander | fragen | vouloir savoir | wissen wollen |
| chercher à savoir | zu erfahren suchen | | |

Übung

VII. *Mettez le dialogue suivant au discours indirect en l'introduisant – au passé composé – par les verbes ci-dessus qui conviennent.*

Bertrand a invité des amis à une soirée. Nadine est venue l'aider à faire les derniers préparatifs.

1. B.: Tu es gentille de me donner un coup de main, car il y a encore beaucoup à faire.
2. N.: Je vais garnir les plats de viande, si tu veux.
3. B.: J'en ai déjà préparé deux, mais ça ne suffira pas pour tant de personnes. Il en faut encore un.
4. N.: Où as-tu rangé la viande? Je ne la vois pas dans le frigidaire.
5. B.: Comme la cave est bien fraîche, j'y ai descendu les rôtis.
6. N.: J'aurais dû apporter des cornichons et du persil pour décorer le plat.
7. B.: Tu trouveras tout ça dans la cuisine.
8. N.: Tu as mis combien de temps à faire toutes ces salades?
9. B.: J'y ai passé au moins trois heures. Je ne l'aurais jamais cru!
10. N.: Quand j'aurai terminé ce plat, je couperai du pain et sortirai les verres du placard.
11. B.: (Oui), j'aimerais bien. Pendant ce temps, je vais mettre les fleurs dans un vase, puis je disposerai les amuse-gueule dans de petits raviers.
12. N.: Prendrons-nous l'apéritif avec les premiers invités qui arriveront ou attendrons-nous un peu?

– On sonne. Dominique et Patricia sont déjà là et . . . il y a encore tant de choses à faire!

Commencez ainsi:
Bertrand a dit que Nadine était gentille de lui donner un coup de main, car il y avait encore beaucoup à faire. Nadine a répondu que . . .

Der Konjunktiv

(Le subjonctif)

Grammatikregeln

§ 41 Bildung des Konjunktivs

ils sortent ⟶	que je sorte	1. Der Subjonctif wird vom Stamm der 3. Pers. Pl. Präsens abgeleitet. Er hat für alle Konjugationsklassen die gleichen Endungen: -e, -es, -e, -ions, -iez, -ent
ils finissent ⟶	que je finisse
ils tendent	que je tende

ils viennent ⟶	que je vienne	2. Die Verben, die im Präsens Indikativ den Stammvokal in den endungsbetonten Formen ändern, wechseln ihn auch in der 1. und 2. Pers. Pl. des subjonctif
nous venons	que nous venions
ils boivent ⟶	que je boive
vous buvez	que vous buviez

être:	**avoir:**	3. Sonderformen	
que je sois	que j'aie	faire	→ que je fasse
que tu sois	que tu aies	pouvoir	→ que je puisse
qu'il soit	qu'il ait	savoir	→ que je sache
		pleuvoir	→ qu'il pleuve
que nous soyons	que nous ayons	vouloir	→ que je veuille
que vous soyez	que vous ayez		que nous voulions
qu'ils soient	qu'ils aient	aller	→ que j'aille
			que nous allions

§ 42 Gebrauch des Konjunktivs

Der Subjonctif steht nach Verben und Ausdrücken

| Il veut que tu sois à l'heure. Elle interdit qu'on prenne ses affaires. | 1. der **Willensäußerung** (Bitte, Befehl, Verbot, Ablehnung, Einverständnis etc.) |
| Je suis triste que tu partes. Elle est fâchée qu'on ne la comprenne pas. | 2. der **Gemütsbewegung** und der persönlichen Stellungnahme (Bedauern, Zufriedenheit, Notwendigkeit) |

Est-il possible que tu entendes mal? Pourquoi doutes-tu qu'il soit sincère?	3. der **Möglichkeit** oder des Zweifels
Il est temps que tu ailles au lit. Il est dommage que vous n'écoutiez pas cette émission.	4. nach **unpersönlichen Ausdrücken** wie: il est naturel/nécessaire/normal/ temps/rare/important/utile/ dommage/indispensable
Je vais faire un tour bien qu'il fasse froid. Elle repartira avant que tu (ne) sois là. J'écris aujourd'hui pour qu'il reçoive ma lettre demain. Tu dois apprendre jusqu'à ce que tu aies tout compris. Nous irons au cinéma, pourvu qu'elle soit prête à temps.	5. nach **den Konjunktionen** bien que ⎫ quoique ⎬ obgleich / obwohl malgré que ⎭ de crainte que ⎫ aus Furcht/ de peur que ⎭ Angst daß pour que ⎫ damit afin que ⎭ pourvu que ⎫ vorausgesetzt daß supposé que ⎭ de sorte que so daß sans que ohne daß avant que ... (ne) bevor à moins que ... ne es sei denn daß jusqu'à ce que bis daß à condition que unter der Bedingung daß
Elle n'a consulté aucun médecin qui puisse la tranquilliser. (= keiner kann sie beruhigen). Je ne comprends pas les mots qui sont dans ce texte.	6. **in Relativsätzen nach negativen** oder **einschränkenden Ausdrücken,** die den Inhalt des Relativsatzes als zweifelhaft erscheinen lassen. **Beachte:** Drückt der Relativsatz eine Tatsache aus, so steht der Indikativ.
C'est le seul endroit qui puisse lui plaire pour ses vacances. Voilà le plus beau paysage que je n'aie jamais vu. Elle porte l'unique robe qu'elle a. (= sinon elle n'a que des pantalons.)	7. **in Relativsätzen nach Superlativen** und Ausdrücken wie: le premier, le seul, etc., die den Inhalt des Relativsatzes als persönliches Werturteil kennzeichnen. **Beachte:** Drückt der Relativsatz eine Tatsache aus, so steht der Indikativ.
J'aimerais des coussins qui soient de la même couleur que les rideaux.	8. **in Relativsätzen,** die eine **Forderung** oder einen **Wunsch** ausdrücken.

Unterscheide:
1. Nach den Verben des **Sagens und Denkens** in **verneinter und fragender Form** steht im que-Satz der **Subjonctif**, wenn die Unwahrscheinlichkeit betont oder ausgedrückt werden soll:
Ne vous imaginez pas qu'il soit reconnaissant un jour.
Je ne prétends pas que tu aies mauvaise mine, mais tu n'as pas l'air bien.

Jedoch steht der **Indikativ**, wenn die **Sicherheit** oder **Objektivität** der Aussage betont werden soll:
Vous n'ignorez certainement pas que nous travaillons beaucoup.

2. Bei den Verben der **Willensäußerung oder Gemütsbewegung** steht

Solange ne veut pas lire ce livre. Elle est heureuse de venir chez nous.	a) bei **einem** Subjekt → **Infinitiv**konstruktion
Solange ne veut pas que **tu** lises ce livre. **Elle** est heureuse que **vous** l'invitiez.	b) bei **verschiedenen** Subjekten im Haupt- und Nebensatz → que-Satz mit **Subjonctif**

3. Bei den Konjunktionen «sans (que), **avant (que)**, pour (que)» steht (bevor)

Il a mangé avant de partir. Il est parti sans dire au revoir.	a) bei **einem** Subjekt → **Infinitiv**konstruktion
Il a mangé avant que **sa femme** soit arrivée. **Il** est parti sans que **je** lui dise au revoir.	b) bei **verschiedenen** Subjekten im Haupt- und Nebensatz → que-Satz mit **Subjonctif**

Übungen

I. Mettez les verbes entre parenthèses au subjonctif présent:
1. Il est temps que vous ....., il est déjà tard. (partir)
2. Mon père ne permet pas que nous ..... de sa voiture. (se servir)
3. Je me réjouis que tu ..... mieux. (aller)
4. Il est rare qu'il ..... en retard. (être)
5. C'est la meilleure amie qu'on ..... avoir. (pouvoir)
6. Je ne connais pas d'élève qui ..... aussi lentement. (écrire)
7. Il est naturel que tu ..... à tes parents. (obéir)
8. J'attends des explications qui me ..... comprendre. (faire)
9. Je voudrais une maison qui ..... entourée d'un grand jardin. (être)
10. C'est dommage que tu ..... le temps de venir me voir. (ne pas avoir)
11. Quand trouverai-je une femme de ménage qui ..... au travail sans qu'on lui ..... toujours la même chose? (se mettre) (dire)
12. C'est le plus beau pays où on ..... passer les vacances. (pouvoir)
13. Cet enfant n'ouvre jamais la bouche de peur que sa mère le ...... (punir)
14. N'est-ce pas la plus grosse bêtise que je ne ..... jamais entendue? (avoir)
15. Il est indispensable que vous ..... un coup de collier avant le bac. (donner)
16. Je regrette infiniment que tu ..... à notre soirée. (ne pas venir)
17. Les parents ont toujours peur que leurs enfants ..... des imprudences. (commettre)
18. Elle se plaint parfois que ses amis ne ..... plus lui parler. (vouloir)
19. Téléphone-lui afin qu'il ..... la nouvelle. (apprendre)
20. Bien que Michèle ..... mon amie, je ne sais rien d'elle. (être)
21. Elle est charmée que nous l'...... (inviter)
22. Pourquoi exige-t-il toujours que nous .....? (se taire)
23. Il souhaite que nous ..... encore. (rester)
24. Je doute que vous ne m'..... pas. (écouter)
25. Il est peu vraisemblable que nous ..... dire quelque chose à son sujet. (entendre)

II. Mettez les verbes entre parenthèses au subjonctif présent ou au temps de l'indicatif qui convient:
1. Il vaudrait mieux que nous ..... moins d'alcool. (boire)
2. Il nous a dit que son père ..... de sucre dans son café. (ne pas mettre)
3. Elle a prétendu qu'il ..... hier. (téléphoner)
4. Je ne crois pas qu'il ..... prochainement à votre lettre. (répondre)
5. Il se peut que nous ..... avant la nuit. (arriver)
6. Nous pensions que vous ...... (déjà, déjeuner)
7. Me promets-tu que tu ..... ton possible pour mieux travailler? (faire)

8. Vous n'avouerez jamais que vous ne . . . . . pas assez. (travailler)
9. Ils n'admettent pas que les temps . . . . . changé. (avoir)
10. J'ai vu qu'il . . . . . se mettre en colère. (aller)
11. Je sais qu'il . . . . . toujours sa promesse. (tenir)
12. Dites-leur qu'ils . . . . . trop bruyants. (être)
13. Dites à vos élèves qu'ils . . . . . moins de bruit. (faire)
14. Une lettre nous annonça que nos parents . . . . . le lendemain. (arriver)
15. Il est indispensable que vous . . . . . votre enfant chez le médecin. (emmener)
16. Je me souviens que ma tante m' . . . . . toujours beaucoup de friandises. (offrir)
17. Quand on l'entend parler, il semble qu'il . . . . . encore le résultat. (ne pas connaître)
18. Téléphone-lui qu'il . . . . . à l'heure pour déjeuner. (être)
19. Téléphone-lui que nous . . . . . hier toute la journée. (attendre)
20. Notre médecin interdit que nous . . . . . le lit tant que nous avons de la température. (quitter)
21. Croyez-vous qu'il . . . . . la vérité? (dire)
22. J'ai appris que vous . . . . . dimanche prochain. (se fiancer)
23. Il n'est pas impossible que vous . . . . . à passer cet examen. (réussir)
24. J'avoue que vous . . . . . beaucoup de mal, mais cela ne suffit pas. (se donner)
25. C'est la seule chose qui lui . . . . . encore plaisir. (faire)

Si vous avez eu des difficultés dans l'emploi des temps de l'indicatif, révisez les chapitres concernés (imparfait, passé composé, futur etc.) et le discours indirect.

Das Partizip Präsens, das Verbaladjektiv und das gérondif

(Le participe présent, l'adjectif verbal et le gérondif)

Grammatikregeln

§43 Die Bildung des Partizip Präsens

nous chantons	chantant	Das participe présent wird durch Anhängen der Endung -ant an den Stamm der 1. Pers. Pl. Präsens gebildet und ist **unveränderlich**.
nous choisissons	choisissant	
Sonderformen:		
avoir	ayant	
savoir	sachant	
être	étant	

§44 Der Gebrauch des Partizip Präsens

Das participe présent bezieht sich auf ein Substantiv oder ein Personalpronomen und gehört fast ausschließlich der **Schriftsprache** an. Es wird gebraucht:

Comprenant son erreur, il renonça à ce projet.	1. **zur Angabe des Grundes** (Kausalsatz: da, weil)
Jeune fille, aimant enfants, cherche place au pair. Ce coureur, prenant de trop grands risques, n'emportera certainement pas la victoire.	2. **statt eines Relativsatzes,** der sich auf das Subjekt bezieht (besonders häufig im Anzeigenstil)
Pleurant à chaudes larmes, l'enfant se précipita vers sa mère.	3. **zur Angabe der Art und Weise** oder der Begleitumstände (deutsch: und)
Il insistait, pressentant (pourtant) son échec, sans vouloir entendre raison.	4. **zum Ausdruck eines Gegensatzes** oder **einer Einräumung,** meist mit nachgestelltem «pourtant». (Konzessivsatz: obwohl, wenn auch)

§ 45 Das Verbaladjektiv (l'adjectif verbal)

Einige Verben bilden ein Adjektiv auf -ant (Verbaladjektiv), das die gleiche Form wie das participe présent hat. Dieses **Adjektiv** ist **veränderlich** und hat **keine Ergänzung** bei sich.
adjectif verbal: C'est une nouvelle surpren**ante**.
participe présent: C'est une nouvelle surprenant tout le monde (= qui surprend)

Beachte:
Die meisten deutschen Verbaladjektive müssen im Französischen mit einem Relativsatz wiedergegeben werden, weil nur wenige französische Verben ein adjectif verbal bilden. (Übrigens stehen die adjectifs verbaux mit Eigeneintrag in den gängigen Wörterbüchern.)

Also:	die spielenden Kinder	les enfants qui jouent/jouaient
	das brennende Haus	la maison qui brûle/brûlait/en flammes
	das sinkende Schiff	le navire qui sombre/sombrait
	etc.	

§ 46 Die Bildung des gérondifs

nous chantons en chantant nous choisissons en choisissant	Das gérondif setzt sich zusammen aus «en» + participe présent. Es ist **unveränderlich.**

§ 47 Der Gebrauch des gérondif

Das gérondif wird in der **gesprochenen** und **geschriebenen** Sprache oft benutzt. Es wird insbesondere gebraucht:

N'ouvre pas la bouche en mangeant. Tout en m'écoutant, elle semblait être ailleurs.	1. **zur Betonung der Gleichzeitigkeit** (während, beim, und). Es kann durch «tout» verstärkt werden und erhält dabei oft einen konzessiven Sinn (obwohl, obgleich).
C'est en travaillant que tu réussiras. Les lapins s'approchèrent en sautillant.	2. **zur Angabe des Mittels** oder der Art und Weise (indem, dadurch daß)
En écrivant dès aujourd'hui, vous pourriez encore lui offrir vos vœux.	3. **zur Angabe einer Bedingung** (wenn, falls)

Beachte:

1. Das gérondif steht nur, wenn es sinngemäß das gleiche Subjekt wie das Verb des Satzes hat. Es kann Ergänzungen bei sich haben und vor oder nach dem Hauptsatz stehen.
   - **Tu** dois te concentrer en conduisant (= quand **tu** conduis).
   - En conduisant plus lentement, tu n'aurais pas autant d'amendes à payer.
2. Die Objektpronomen und die Pronominaladverbien («y», «en») stehen beim gérondif zwischen der Präposition «en» und der Verbform auf -ant.
   - **En** *les y* autoris**ant**, tu leur ferais plaisir.
3. Beim gérondif der reflexiven Verben steht das Reflexivpronomen, das dem Subjekt des konjugierten Verbs entspricht.
   - **Nous** avons dîné en **nous** amusant beaucoup.
4. Das gérondif ist zeitlich neutral, d. h. es kann sich auf Verben in allen Zeiten beziehen.

Übungen

I. Remplacez la proposition subordonnée/coordonnée par un participe présent:
1. Comme elle n'avait pas envie d'attendre plus longtemps, elle partit subitement.
2. Les lettres qui viennent d'Espagne mettent cinq à six jours.
3. Comme elle aime s'entourer d'amis, elle n'hésite pas à lancer des invitations.
4. Le lait qui était resté sur la table a tourné.
5. Elle continuait bien qu'elle vît mon impatience, à me parler de ses problèmes.
6. Elle riait à cœur joie et ne pensait plus à ses problèmes.
7. Tu te lèves trop tard bien que tu saches que tu arrives toujours en retard.
8. Un jeune Français, qui habite Nice, aimerait venir en Allemagne.
9. Comme je ne veux pas insister sur la question, je préfère parler d'autre chose.
10. Ils déployèrent toutes leurs forces et arrivèrent au sommet.

II. Remplacez la proposition subordonnée/coordonnée par un gérondif:
1. Elle écoute toujours la radio lorsqu'elle fait ses devoirs.
2. Ils nous ont salué et nous ont souri en même temps.
3. Si tu prenais régulièrement ton médicament, tu n'aurais pas toujours mal à la tête.
4. N'oubliez pas de fermer la porte quand vous sortirez.
5. <u>Elle s'est fâchée</u> et a quitté la pièce.
6. Quand je regarde ces prospectus, j'ai envie de partir en vacances.
7. Si tu lui parlais raisonnablement, tu pourrais peut-être la convaincre.
8. Elle a fait fortune <u>dans la chanson.</u>
9. Vous auriez assez d'argent pour acheter ce bateau, si vous faisiez des économies.
10. Les danseurs traversèrent la salle <u>dans un tourbillon.</u>

III. Gérondif ou participe présent? Remplacez la proposition subordonnée/coordonnée:
1. Si vous prenez l'avion, vous serez à Alger ce soir.
2. Comme l'été est fini, il faut rentrer les meubles de jardin.
3. Bien qu'elle connaisse mes goûts, elle s'obstine à m'offrir n'importe quoi.
4. <u>Il a sauté</u> et s'est tordu la cheville.
5. Comme ce serveur est très sympathique, il a de gros pourboires.
6. Ils nous ont dit au revoir et <u>nous ont embrassés.</u>
7. C'est <u>grâce à son application</u> qu'il pourra faire des progrès.
8. Une jeune femme, qui fait le ménage chez un médecin, s'est présentée pour travailler chez nous.
9. <u>Le chien nous a reconnus</u> et a accouru vers nous.
10. Commençons à manger et écoutons les informations en même temps.

IV. Adjectif verbal ou participe présent? Accordez s'il y a lieu:
1. Les robes montant . . . . . sont très à la mode.
2. Les fruits venant . . . . . d'Espagne sont très bon marché.
3. Ces gens sont très regardant . . . . . , je dirais même avares.
4. Dans tous les grands magasins, il y a des escaliers roulant . . . . . .
5. Les gâteaux ne suffisant . . . . . pas pour tant de personnes, je dois vite en acheter d'autres.
6. Aimez-vous les asperges à la sauce piquant . . . . . ?
7. Ses discours promettant . . . . . toujours trop de choses ne sont d'aucune crédibilité.
8. Les idoles hurlant . . . . . de joie applaudirent leur chanteur préféré.
9. Elle mène une vie trépidant . . . . . .
10. Les enfants trépignant . . . . . d'impatience attendaient le père Noël.

V. Traduisez en employant le participe présent, le gérondif ou l'adjectif verbal où c'est possible:

1. Da er die Gefahr nicht sah, bremste er nicht.
2. Er lief so schnell er konnte (à toute vitesse) auf dem brennendheißen Sand.
3. Wenn du weniger rauchen würdest, könntest du viel Geld sparen.
4. Während er seine Hausaufgaben machte, hörte er Musik.
5. Er bietet mir immer Zigaretten an, obwohl er weiß, daß ich nicht rauche.
6. Die Kinder, die auf der Straße spielen, wohnen in diesem Hochhaus (la tour).
7. Das ist eine Geschichte, die alle belustigt.
8. Man pflegt sein Auto, indem man es regelmäßig putzt.
9. Wenn Herr Leroc das Haus spät verläßt, kann seine Frau nicht ins Schwimmbad gehen.
10. Wenn Herr Leroc das Haus spät verläßt, vermeidet er die Verkehrsstaus (les embouteillages).

Konjunktionen und Präpositionen

(Les conjonctions et les prépositions)

Grammatikregeln
§ 48 Konjunktionen mit subjonctif/indicatif und entsprechende Präpositionen

Konjunktion mit Konjunktiv	Konjunktion mit Indikativ	Präposition
afin que (damit)		
	alors que (während)	
	après que (nachdem)	après (nach)
en attendant que (bis: zeitlich)		
	aussitôt que (sobald als)	
avant que (bevor)		avant (vor: zeitlich)
bien que (obgleich)		
	au cas où (falls)	
	comme (da, weil)	
à condition que (unter der Bedingung daß)		
de crainte que (aus Furcht daß)		
	depuis que (seitdem)	depuis (seit)
	dès que (sobald)	dès (schon)
de façon que (so daß) (im **Zweck**satz)	de façon que (so daß) (im **Folge**satz)	
jusqu'à ce que (bis)	jusqu'au moment où (bis zum Augenblick wo)	jusqu'à (bis)
	lorsque (+ p.c. ou p.s.) (als)	lors de (anläßlich)
	lorsque (+ imp. ou plus-que-parf.) (immer wenn)	
malgré que (obschon)		malgré (trotz)
de manière que (so daß) (im **Zweck**satz)	de manière que (so daß) (im **Folge**satz)	
à moins que ... ne (es sei denn daß)		

Konjunktion mit Konjunktiv	Konjunktion mit Indikativ	Präposition
	parce que (weil)	
	à peine ..... que (+ passé antérieur mit Inversion) (kaum ... als)	
	pendant que (während)	pendant (während)
de peur que (aus Angst daß)		
pour que (damit)		pour (für)
pourvu que (vorausgesetzt daß)		
	puisque (da, weil)	
	quand (wenn, als)	
quoique (obgleich)		
sans que (ohne daß)		sans (ohne)
	selon que ... ou (je nachdem ob ... oder)	selon (je nach, gemäß)
	si (wenn) (siehe Conditionnel)	
de sorte que (so daß) (im **Zweck**satz)	de sorte que (so daß) (im **Folge**satz)	
supposé que à supposer que (vorausgesetzt daß)		
	tandis que (während)	
	tant que (solange als)	

Erläuterungen zur Tabelle:
1. z. B. «depuis»/«depuis que»
   Elle est là **depuis** *une semaine.* (préposition)
   Il fait beau temps **depuis qu'***elle est là.* (conjonction)
2. z. B. «de sorte que» + subjonctif/indicatif
   Elle a toujours travaillé de sorte qu'elle **a réussi**.
   (**tatsächliche** Folge: Indikativ)
   Travaille de sorte que tu **réussisses**.
   (**Zweck** oder **beabsichtigte** Folge: Konjunktiv)

Übungen

I. Complétez par la préposition ou la conjonction entre parenthèses:
1. Il est resté à la plage ..... le coucher du soleil. (bis)
2. Le criminel a fui ..... la police fût sur les lieux. (bevor)
3. ..... l'orage, le soleil se remit à briller. (nach)
4. ..... quelque chose ne lui plaît pas, elle fait la tête. (sobald)
5. Il ne faut pas boire ..... soif. (ohne)
6. ..... nos invités arriveront à l'heure ou non, nous commencerons à dîner à huit heures. (je nachdem ob)
7. J'ai une faim de loup; je n'ai rien mangé ..... ce matin. (seit)
8. Habillez-vous plus ou moins chaudement ..... la température. (je nach)
9. Notre voiture ne sera pas prête ..... lundi. (vor)
10. ..... elle eut terminé sa valise, elle paya les frais d'hôtel et partit. (nachdem)
11. Les voleurs sont entrés dans la maison ..... le propriétaire s'en aperçoive. (ohne daß)
12. ..... nous étions au Portugal, nous n'avons eu que du beau temps. (als)
13. ..... tu gardes ta petite sœur, je vais aller faire des courses. (während)
14. Je m'occuperai de votre chien ..... vous soyez de retour. (bis)
15. Nous allons sortir ..... la pluie. (trotz)
16. Il y a des élèves qui tricotent ..... les cours. (während)
17. Nos amis se donnent beaucoup de mal ..... leur fête soit réussie. (damit)
18. En été il fait jour ..... quatre heures du matin. (schon)
19. ..... ce médecin ait beaucoup de travail, il est toujours très gentil. (obschon)
20. ..... nous faisons du sport, nous nous sentons beaucoup mieux. (seitdem)
21. Nous serons absents ..... la fin des vacances. (bis)
22. ..... ses examens, elle fera une demande de bourse pour l'étranger. (nach)
23. ..... de notre séjour en Andalousie, nous avons visité Grenade. (anläßlich, bei)
24. Ils font beaucoup de sacrifices ..... leurs enfants. (für)

II. Mettez les verbes entre parenthèses au temps et au mode convenables:
1. Après qu'elle ..... la nouvelle, elle a quitté la France. (apprendre)
2. Ils veulent partir quelques jours à la montagne avant que la neige ..... . (fondre)
3. La cour du lycée est très bruyante jusqu'à ce que la cloche ..... . (retentir)
4. En attendant que tu ..... prête, je vais lire cet article. (être)
5. Danièle était bonne élève jusqu'au moment où elle ..... la connaissance de ce garçon. (faire)
6. Depuis qu'elle ..... avec lui, elle ne travaille plus du tout. (sortir)
7. Tant qu'ils se ..... régulièrement, rien ne changera. (voir)
8. Quoiqu'elle ..... son erreur, elle refuse les conseils qu'on lui donne. (comprendre)

9. Bien que ses parents la ..... souvent, elle ne change pas d'avis. (punir)
10. Elle a agi de façon que ses amis ..... été très déçus. (avoir)
11. Depuis que je ..... ta décision, je sais à quoi m'en tenir. (connaître)
12. J'ai écouté les informations pendant que je ..... mon petit déjeuner. (prendre)
13. Quand tu ..... essuyé la vaisselle, tu n'oublieras pas de la ranger. (avoir)
14. Si tu ..... moins à tes problèmes, tu profiterais mieux de la vie. (penser)
15. Ils ont séjourné ensemble à Londres sans que le hasard ..... voulu qu'ils se rencontrent. (avoir)
16. Nous dînerons sur la terrasse à condition qu'il ..... encore assez chaud. (faire)
17. Je te donnerai un coup de main à moins que ta femme de ménage ne ..... t'aider. (venir)
18. Dès que tu ..... rétabli, nous ferons des projets de vacances. (être)
19. De crainte que le climat ne lui ..... pas, elle n'ose pas partir en Afrique. (convenir)
20. Supposé que le temps ne vous ..... pas, je vous accorderai encore quelques minutes. (suffir)
21. Malgré qu'il ..... très gentil, il n'a pas beaucoup d'amis. (être)
22. C'est un enfant très agréable, pourvu qu'on lui ..... de jouer dehors. (permettre)
23. Comme vous me ..... de bons conseils, j'ai confiance en vous. (donner)
24. Au cas où tu ..... en retard au lycée, excuse-toi auprès de ton professeur. (arriver)
25. Partez avant qu'il ..... nuit. (faire)
26. Parle distinctement de sorte qu'on te .... (comprendre)

III. Reliez les deux propositions par la conjonction entre parenthèses; dans certains cas n'oubliez pas de changer le temps et le mode.
 1. Il va travailler. Il est malade. (obwohl)
 2. Elle jouait du piano. Son frère faisait une traduction. (während)
 3. Nous nous sommes ennuyés à cette soirée. Nous ne connaissions personne. (weil)
 4. Vous êtes restés trop longtemps au soleil. Vous vous êtes brûlé la peau. (da)
 5. Michel a fait des progrès. Ses parents sont contents. (so daß)
 6. Michel fait des efforts. Ses parents seront contents. (damit)
 7. J'aimerais vivre dans ce pays. Le gouvernement devrait changer. (unter der Bedingung daß)
 8. Nous ferons du camping. Il devra faire beau. (vorausgesetzt daß)
 9. Elle est sortie. Je ne l'ai pas entendue. (ohne daß)
10. Tu devras patienter. Je reviendrai. (bis)
11. Demande pardon à ton père. Il va t'interdire de sortir. (bevor)
12. Elle est gentille avec tout le monde. Elle est toujours très sollicitée. (so daß)

Grammatikregeln

§ 49 Andere häufige Präpositionen (und Gallizismen)

Da die Verwendung der einzelnen Präpositionen weitgehend vom Sprachgebrauch festgelegt und somit nicht in Regeln faßbar ist, werden im folgenden nur Fälle aufgeführt, die dem Französischlernenden – von deutschen Präpositionen ausgehend – im allgemeinen Schwierigkeiten bereiten.

1. an

à la mer à la gare à la fenêtre à l'université au coin etc.	**örtlich:** à
le cinq mars ce matin-là	**zeitlich:** meist unübersetzt
à la Chandeleur (Lichtmeß) à la Pentecôte (Pfingsten) à la Fête-Dieu (Fronleichnam) à Pâques à Noël à la Saint Jean/Pierre etc.	Bei **kirchlichen Feiertagen** steht jedoch «à».

2. bei

chez (Pierre, le boulanger)	bei = im Haus/Laden von jdm.
auprès de (mon ami malade)	nur verwendet, wenn es sich direkt auf eine Person bezieht
près de (Marseille)	örtlich verwendet
Locutions: Quand seras-tu chez toi? J'ai mes papiers sur moi. lors de mon arrivée de jour/de nuit dans un accident malgré toute précaution par beau/mauvais temps	Wann bist du zu Hause? Ich habe meine Papiere bei mir. bei meiner Ankunft bei Tag/bei Nacht bei einem Unfall bei aller Vorsicht bei gutem/schlechtem Wetter

3. **bis**

jusqu'à (préposition)	zeitl.: (durchgehend) bis
	örtl.: bis (hin zu einem Endpunkt)
jusqu'à ce que (conj.) + subj.	zeitl.: bis
Locutions:	
(Au revoir!) A demain!	(Auf Wiedersehen!) Bis morgen!
A l'année prochaine!	Bis zum nächsten Jahr!
Réparez-moi la moto pour lundi.	... bis Montag. (bis = Endpunkt in der Zukunft: pour)
de ... à	von ... bis
Il y a un mois j'étais **encore** en Amérique.	Ich war **bis vor** einem Monat in Amerika.
à (quelques fautes) **près**	**bis auf** (einige Fehler)
à l'exception de mon père	bis auf meinen Vater (= **außer** ihm)

4. **in**
örtlich:

Vous dînez **au** restaurant? (kein bestimmtes)	a) **à**: «à + NG» (Nominalgruppe) bezeichnet eine Lage oder Zielrichtung **allgemein**
Je dîne **dans un** petit restaurant au coin de la rue. (ein bestimmtes, konkretes Restaurant)	b) **dans**: «dans + NG» bezeichnet eine Lage oder Zielrichtung **konkret**; dies ist der Fall, wenn dem Nomen ein unbestimmter Artikel, ein Possessiv- oder ein Demonstrativbegleiter vorangeht.

zeitlich:

en juillet	im (+ Monat)
en 1990	(im Jahre) 1990
en trois jours	**innerhalb** von drei Tagen: **Dauer**
dans trois jours	in = **nach** drei Tagen: **Punkt,** an dem die Handlung beginnt. (Ich fange in drei Tagen mit dieser Arbeit an.)
(Je ferai ce travail dans trois jours.)	
d'ici (en quinze) + futur antérieur	heute in (14 Tagen): bezeichnet **Endpunkt** einer Handlung
aujourd'hui (en quinze) + futur simple	heute in (14 Tagen): bezeichnet **Anfang** einer Handlung

„in" + Himmelsrichtung:

L'Italie se trouve **au sud** de la Suisse.	«à» + Himmelsrichtung: süd**lich** etc. von (= außerhalb)
Brighton se trouve **dans le sud** de l'Angleterre.	«dans» + Himmelsrichtung: **im** Süden etc. von (= innerhalb)

„in" + Länder-/Insel-/Kontinentname:

J'ai un frère **au Danemark**.	«à» + mask. Ländernamen, die mit Konsonant beginnen
Il vit **aux États-Unis**.	+ Ländernamen im Plural
Il séjourne **à Madagascar**.	+ Inselnamen ohne Artikel
Elle vit **en Espagne**.	«en» + feminine Ländernamen
Il voyage **en Israël**.	+ mask. Ländernamen, die mit Vokal beginnen
Elle est **en Corse**.	+ feminine Inselnamen

5. vor

La voiture est **devant** le garage.	**örtlich:** devant (im Sinn von „gegenüber")
Notre maison est **la dernière** avant l'église.	avant (in einer Reihenfolge)
Il arrivera **avant** deux heures. L'an dernier, j'étais à Londres, **avant** à Paris.	**zeitlich:** avant (vor, zuvor, vorher) von **beliebigem** Zeitpunkt aus gerechnet.
Il est revenu **il y a (voilà)** une heure.	il y a/(fam.:) voilà von **jetzt, heute** aus gerechnet
Locutions: la veille (de)	am Tag vorher, am Vortag; am Vorabend
récemment	vor kurzem

6. **Wichtige Gallizismen**, die oft falsch gemacht werden:

aller/être **de l'autre côté** de la rue	auf die andere (Straßen-)Seite gehen/ auf der anderen (Straßen-)Seite sein
à l'aide de + **Sache** **avec** l'aide de + **Person**	mit Hilfe von
à ce moment-là	in **diesem** Augenblick (Zeitpunkt)
en ce moment	im Augenblick = zur Zeit (Zeitdauer)
écrire **au** crayon **au** stylo etc.	mit Bleistift/Füller etc. schreiben
chercher qn **des** yeux	jdn. mit den Augen suchen
montrer qn **du** doigt	auf jdn. mit dem Finger zeigen
***boire dans** un verre	aus einem Glas trinken
***manger dans** une assiette	aus einem Teller essen
***copier qc. dans** un livre	aus einem Buch abschreiben
***copier qc. sur** un copain	etwas von einem Freund abschreiben
***découper** une photo **dans** une revue	ein Bild aus einer Zeitschrift ausschneiden
***prendre** un livre **sur** une étagère	ein Buch aus einem Regal nehmen
la fenêtre **donne dans** la rue **sur** la cour **sur** le jardin	das Fenster geht auf die Straße auf den Hof auf den Garten
dans la rue	auf der (Stadt/Dorf-)Straße
sur la route	auf der (Land-)Straße
dans l'escalier	auf der Treppe (= im Treppenhaus)
dans un accident	bei einem Unfall
avoir qc **sur** soi	etwas bei sich haben/tragen
d'après Sartre	nach/gemäß Sartre
pour cette raison	aus diesem Grund
à la campagne	auf dem Land
dans les champs (sur-le-champ)	auf dem Feld, auf den Feldern (sofort)
en ville	in der Stadt

*Bei diesen Verben des Entnehmens steht die Präposition, die die **Lage vor der Entnahme** angibt (dans, sur etc.).

Übungen

I. «an, in». Mettez la préposition qui convient (où c'est nécessaire):
 1. Nous avons passé nos vacances ..... bord de la mer.
 2. Je n'aime pas aller ..... ce café, il y a trop de fumée.
 3. ..... la Toussaint, beaucoup de gens vont ..... cimetière.
 4. Quand auras-tu terminé ton exposé? – ..... trois semaines.
 5. Est-ce que Limoges se trouve ..... nord ou ..... sud de Paris?
 6. Mon frère est ingénieur ..... Portugal.
 7. Son père enseigne la physique ..... l'université.
 8. Quand vous faites des voyages, vous couchez ..... l'hôtel? – Oui, mais toujours ..... des hôtels bon marché.
 9. Le Roussillon est une région viticole (Weinanbaugebiet) ..... sud de la France.
10. Quand est-ce qu'elle est née? – Je crois ..... le 30 novembre.
11. ..... Pays-Bas, on cultive beaucoup de fleurs.
12. Quand reviendra-t-il de son voyage? – ..... lundi prochain.
13. J'aime bien ce bistrot ..... coin de la rue.
14. ..... la Pentecôte, nous rendons toujours visite à mon oncle de Bordeaux.
15. Il travaille incroyablement vite; il a fait tous ses devoirs ..... vingt minutes.
16. Tu vas souvent ..... l'église? – Oui, mais pas en hiver. ..... notre église il fait trop froid, et je suis très fragile.
17. Je n'aimerais pas passer l'hiver ..... Islande.
18. Le Texas est situé ..... sud des Etats-Unis, le Canada ..... nord de ce pays.
19. Un de mes collègues a passé cinq ans ..... Brésil.
20. ..... ce soir-là, l'air était encore bien chaud.
21. Quand auras-tu à nouveau ta voiture? – Demain ..... quinze.
22. ..... quelle année as-tu passé ton permis de conduire? – ..... 1984.
23. ..... ce restaurant, chaque client a un quart de vin rouge gratuit.
24. ..... France, c'est une vieille tradition de faire des crêpes ..... la Chandeleur.
25. As-tu jamais passé des vacances ..... Baléares? – Non, mais ..... Canaries.
26. Notre voiture sera réparée ..... (heute in) une semaine.
27. Quand commenceras-tu à tapisser le salon? – ..... quatre jours.
28. Combien de temps as-tu mis à traduire ces phrases? – Je les ai traduites ..... deux heures.
29. La plupart des estivants repartent ..... septembre.
30. Ils viendront nous voir ..... (heute in acht Tagen).

II. «bei, bis, vor». Mettez la préposition qui convient:

bei
1. Il a eu un P.V. (procès verbal) parce qu'il n'avait pas son permis de conduire ..... lui.
2. ..... mauvais temps nous jouons toujours aux échecs.
3. Melun est ..... Paris.
4. Il a perdu une jambe ..... un accident.
5. ..... nuit je vois très mal.
6. J'achète toute ma viande ..... le boucher.
7. ..... mon départ, j'ai remis les clés de la maison à ma voisine.
8. Je me suis excusé ..... lui.
9. ..... toute précaution, il a glissé sur le verglas et s'est cassé le bras.

bis
10. Comme nous avions le temps, nous sommes allés ..... à la plage.
11. Au revoir; ..... demain/ ..... l'année prochaine.
12. Je vous ferai la traduction ..... vendredi.
13. Il travaille toujours ..... il tombe de fatigue.
14. Je serai à la maison ..... trois heures.
15. Ils étaient tous présents (bis auf) ..... mon père.
16. (Bis auf einige Einzelheiten) ..... , je suis d'accord avec vous.
17. Bis vor einer Woche war ich in Bordeaux. .....
18. (von ... bis) Il travaille ..... huit heures du matin ..... quatre heures de l'après-midi.

vor
19. Il a acheté cette voiture ..... deux ans.
20. Crois-tu qu'il arrive ..... cinq heures?
21. Notre maison est la dernière ..... l'église.
22. ..... une semaine, il était à Paris; ..... , il avait passé un mois en Angleterre.
23. La voiture était stationnée ..... la poste.
24. Je l'ai vu ..... (≈ kurzem).
25. Il a eu un accident terrible ..... (am Tag vor) son mariage.

III. Emploi de gallicismes. Mettez la préposition qui convient:
1. Où as-tu pris cette assiette? – ..... le placard de la cuisine.
2. Elle a été gravement blessée ..... un accident de voiture.
3. Il a trouvé la solution ..... l'aide d'un ordinateur.
4. Claude a eu une mauvaise note parce qu'elle avait copié ..... son camarade.
5. ..... les prévisions météorologiques, il doit faire chaud demain.
6. Je l'ai rencontré ..... l'escalier de notre immeuble.
7. Il était assis ..... les marches de l'escalier.
8. Il est très impoli de montrer les gens ..... doigt.
9. Sylvie a fait ce dessin ..... l'aide de son père.
10. Elle n'aime pas se promener seule ..... les rues quand il fait noir.
11. Les Dupuis n'aimeraient pas vivre ..... ville.
12. As-tu ta carte d'identité ..... toi?
13. Ce ne sont pas tes idées à toi. ..... quel livre as-tu copié ce passage?
14. Où a-t-elle pris ce cahier? – ..... la table.
15. J'aimerais une chambre dont les fenêtres donnent ..... la cour.
16. ..... la route de Clermont-Ferrand à St. Etienne, il y a souvent du verglas (Glatteis).
17. Il est très malade. C'est la raison ..... laquelle il ne peut pas assister à cette conférence.
18. Il a découpé cet article ..... «Le Figaro Littéraire».
19. Beaucoup de gens préfèrent boire le thé ..... un verre au lieu de le boire ..... une tasse.
20. Les paysans travaillent ..... les champs du matin au soir.
21. Il vaudrait mieux marcher ..... l'autre côté de la rue, le trottoir y est plus large.
22. Tu es toujours vendeuse dans ce grand magasin? – Non, ... moment, je suis en congés payés.
23. Vivre ..... la campagne offre beaucoup d'avantages.
24. Les soldats mangeaient leur soupe ..... une gamelle (Kochgeschirr).
25. La porte de sa chambre donne directement ..... la rue.
26. Etudiant, il vivait très modestement. Il faut dire qu' ..... ce moment-là, il n'avait pas beaucoup d'argent.

Verben mit Infinitiv

(Verbes suivis d'un infinitif)

Grammatikregeln

§ 50 Verben mit reinem Infinitiv

1. modale Hilfsverben

avoir beau faire qc.	etwas vergebens tun
daigner f. qc.	etwas zu tun geruhen
devoir f. qc.	etwas tun müssen/sollen
faire f. qc.	etwas tun lassen (veranlassen)
faillir f. qc.	beinahe etwas tun
j'ai failli tomber	ich wäre beinahe gefallen
il faut f. qc.	man muß etwas tun
il fait bon f. qc. (vivre ici)	es läßt sich hier gut leben
laisser f. qc.	etwas tun lassen (erlauben)
oser f. qc.	etwas zu tun wagen
paraître f. qc.	etwas zu tun scheinen
pouvoir f. qc.	etwas tun können
savoir f. qc.	etwas zu tun verstehen/wissen
sembler f. qc.	etwas zu tun scheinen
il vaut mieux f. qc.	es ist besser, etwas zu tun
vouloir f. qc.	etwas tun wollen

2. Verben der sinnlichen Wahrnehmung

écouter qn. f. qc.	zuhören, wie jemand etwas tut
entendre qn. f. qc.	hören, wie jemand etwas tut
regarder qn. f. qc.	zuschauen, wie jemand etwas tut
sentir f. qc.	fühlen, wie etwas geschieht
voir f. qc.	sehen, wie etwas geschieht

3. Verben der Bewegung

accourir f. qc.	herbeieilen, um etwas zu tun
aller f. qc.	gleich etwas tun werden
	gehen, um etwas zu tun
courir f. qc.	hinlaufen, um etwas zu tun
descendre f. qc.	hinuntergehen, um etwas zu tun
envoyer qn. f. qc.	jemanden schicken, etwas zu tun
monter f. qc.	hinaufgehen, um etwas zu tun
rentrer f. qc.	nach Hause gehen, um etwas zu tun
retourner f. qc.	zurückkehren, um etwas zu tun
sortir f. qc.	ausgehen, um etwas zu tun
venir f. qc.	kommen, um etwas zu tun

4. Verben des Sagens und Denkens

affirmer avoir fait qc.	versichern, etwas getan zu haben
assurer f. qc.	versichern, etwas zu tun
avouer avoir fait qc.	gestehen/zugeben, etwas getan zu haben
compter f. qc.	vorhaben, etwas zu tun, etwas zu tun gedenken
croire f. qc.	etwas zu tun glauben
déclarer avoir fait qc.	erklären, etwas getan zu haben
dire avoir fait qc.	sagen, daß man etwas getan habe
espérer f. qc.	etwas zu tun hoffen
s'imaginer f. qc.	sich einbilden, etwas zu tun
jurer avoir fait qc.	schwören, etwas getan zu haben
nier avoir fait qc.	leugnen, etwas getan zu haben
penser f. qc.	etwas zu tun meinen
prétendre f. qc.	etwas zu tun behaupten
se rappeler avoir fait qc.	sich daran erinnern, etwas getan zu haben
soutenir avoir fait qc.	behaupten, versichern, etwas getan zu haben

5. Verben des Wünschens

aimer f. qc.	etwas gern tun
aimer mieux f. qc.	etwas lieber tun
(que de faire qc.)	(als etwas anderes)
désirer f. qc.	etwas zu tun wünschen
détester f. qc.	etwas ungern tun
préférer f. qc.	etwas lieber tun (als etwas anderes)
(plutôt que de f. qc.)	etwas zu tun vorziehen
souhaiter f. qc.	etwas zu tun wünschen

§51 Verben mit dem Infinitiv mit «à»

1. Der Infinitiv steht in der Funktion eines indirekten Objekts nach transitiven Verben, die auch ein **Nomen** mit à anschließen:

> Je pense à **l'école**. (Nomen)
>   à venir. (Infinitiv)

aspirer à f. qc.	danach streben, etwas zu tun
concourir à f. qc.	dazu beitragen, etwas zu tun
consentir à f. qc.	darin einwilligen, etwas zu tun
contribuer à f. qc.	dazu beitragen, etwas zu tun
parvenir à f. qc.	etwas fertigbringen
penser à f. qc.	daran denken, etwas zu tun
renoncer à f. qc.	darauf verzichten, etwas zu tun
servir à f. qc.	dazu dienen, etwas zu tun
songer à f. qc.	beabsichtigen, etwas zu tun
tenir à f. qc.	Wert darauf legen, etwas zu tun
ebenso:	
gagner sa vie à f. qc.	seinen Lebensunterhalt damit verdienen, etwas zu tun
hésiter à f. qc.	zögern etwas zu tun
passer/perdre son temps à f. qc.	seine Zeit damit verbringen/verlieren etwas zu tun
tarder à f. qc.	damit zögern, etwas zu tun

2. Der Infinitiv mit à steht in der Funktion eines direkten Objekts nach folgenden transitiven Verben

> J'apprends **le français** (direktes Objekt)
>   à lire   (Infinitiv)

(dés) apprendre à f. qc.	etwas zu tun (ver)lernen
avoir à f. qc.	etwas zu tun haben
chercher à f. qc.	etwas zu tun suchen
commencer à f. qc.	etwas zu tun beginnen
continuer à f. qc.	fortfahren, etwas zu tun
demander à f. qc.	etwas zu tun verlangen
réussir à f. qc.	es fertigbringen, etwas zu tun

3. Der Infinitiv mit à steht in der Funktion eines indirekten Objekts bei folgenden Verben, die ein direktes Personenobjekt bei sich haben **müssen**:

> J'oblige **mon frère à ce travail.** (indirektes Objekt)
> à travailler. (Infinitiv)

aider qn. à f. qc.	jemandem helfen, etwas zu tun
condamner qn. à f. qc.	jemanden dazu verurteilen, etwas zu tun
contraindre qn. à f. qc.	jemanden zwingen, etwas zu tun
décider qn. à f. qc.	jemanden dazu bringen, etwas zu tun
destiner qn. à f. qc.	jemanden dazu bestimmen, etwas zu tun
déterminer qn. à f. qc.	jemanden zu dem Entschluß bringen, etwas zu tun
engager qn. à f. qc.	jemanden auffordern, etwas zu tun
exhorter qn. à f. qc.	jemanden dazu ermahnen, etwas zu tun
forcer qn. à f. qc.	jemanden zwingen, etwas zu tun
inviter qn. à f. qc.	jemanden einladen/auffordern, etwas zu tun
obliger qn. à f. qc.	jemanden zwingen, etwas zu tun
réduire qn. à f. qc.	jemanden zwingen, etwas zu tun

4. Der Infinitiv mit à steht in der Funktion eines indirekten Objekts bei zahlreichen reflexiven Verben, die auch ein **Nomen** mit à anschließen.

> Il se décide à **l'achat** de cette radio. (Nomen)
> à acheter cette radio. (Infinitiv)

s'accoutumer à f. qc.	sich daran gewöhnen etwas zu tun
s'amuser à f. qc.	sich die Zeit damit vertreiben, etwas zu tun
s'appliquer à f. qc.	sich bemühen, etwas zu tun
s'apprêter à f. qc.	sich bereit machen, etwas zu tun
s'attendre à f. qc.	darauf gefaßt sein, etwas zu tun
se borner à f. qc.	sich darauf beschränken, etwas zu tun
se décider à f. qc.	sich entschließen, etwas zu tun
s'exercer à f. qc.	sich darin üben, etwas zu tun
se forcer à f. qc.	sich zwingen, etwas zu tun
s'habituer à f. qc.	sich daran gewöhnen, etwas zu tun
se mettre à f. qc.	anfangen etwas zu tun, sich daran machen
s'occuper à f. qc.	sich damit beschäftigen, etwas zu tun

se plaire à f. qc.	sich darin gefallen, etwas zu tun
se préparer à f. qc.	sich darauf vorbereiten, etwas zu tun
se refuser à f. qc.	sich sträuben, etwas zu tun, sich einer Tätigkeit entziehen
se résigner à f. qc.	sich damit abfinden, etwas zu tun
se résoudre à f. qc.	sich dazu entschließen, etwas zu tun

§ 52 Verben mit dem Infinitiv mit «de»

Der Infinitiv mit «de» steht bei den **meisten** französischen Verben. Da die Listen der Verben mit reinem Infinitiv (§ 50) und dem Infinitiv mit «à» (§ 51) recht komplett sind, kann man davon ausgehen, daß die **dort nicht aufgeführten** Verben den **Infinitiv mit «de»** anschließen. Dennoch folgt zum besseren Lernen/Wiederholen hier eine Auflistung und Klassifizierung der Verben mit «de».

Der Infinitiv mit «de» steht
1. in der Funktion eines direkten Objekts nach den meisten transitiven Verben:

Il craint **le froid**.	(direktes Objekt)
d'attraper froid.	(Infinitiv)

arrêter		aufhören
attendre		warten, bis
cesser		aufhören
choisir		wählen
craindre		(be)fürchten
décider		beschließen
essayer		versuchen
éviter		vermeiden
exiger	**de** f. qc.	verlangen
finir		aufhören
jurer		schwören
mériter		verdienen
refuser		ablehnen
regretter		bedauern
résoudre		beschließen
risquer		Gefahr laufen
tâcher		sich bemühen
tenter		versuchen

2. nach Verben, die auch ein (Pro-)**Nomen mit «de»** anschließen:

> Il parle **de ses vacances**. (Nomen)
>   d'aller en vacances. (Infinitiv)

avoir besoin		brauchen
avoir honte		sich schämen
avoir peur	**de** f. qc.	Angst haben
désespérer		daran verzweifeln
parler		sprechen über
rêver		träumen

Dazu zählen auch folgende Verben des subjektiven Empfindens:

s'étonner		sich wundern
s'indigner		entrüstet sein
s'inquiéter	**de** f. qc.	beunruhigt sein
se plaindre		sich beklagen
se réjouir		sich freuen
se repentir		bereuen

sowie:

se charger		es übernehmen
s'excuser		um Entschuldigung bitten
se garder	**de** f. qc.	sich hüten
s'occuper		dafür Sorge tragen
se souvenir d'avoir fait qc.		sich erinnern
s'arrêter		aufhören
se dépêcher		sich beeilen
s'efforcer	**de** f. qc.	sich bemühen
il s'agit		es handelt sich darum

3. bei Verben mit direktem Personenobjekt in der Funktion eines indirekten Objekts:

accuser		jemanden anklagen
conjurer		jemanden beschwören
empêcher		jemanden hindern
excuser		jemanden entschuldigen
féliciter		jemanden beglückwünschen
menacer	qn. **de** f. qc.	jemandem drohen
persuader		jemanden überreden
plaindre		jemanden bedauern
prier		jemanden bitten
remercier		jemandem danken

119

4. bei Verben mit indirektem Personenobjekt in der Funktion eines direkten Objekts:

> Il lui a proposé **un voyage à Paris**. (direktes Objekt)
> de l'accompagner. (Infinitiv)

a) nach Verben des Aufforderns, Befehlens, Erlaubens, Verbietens

commander		befehlen
ordonner		
défendre		verbieten
demander		bitten
dire	à qn. **de** f. qc.	auffordern
interdire		untersagen
permettre		erlauben
rappeler		daran erinnern
refuser		verweigern, nicht erlauben
répondre		antworten, auffordern

b) nach Verben des Vorschlagens

conseiller		raten
offrir		anbieten
proposer		vorschlagen
recommander	à qn. **de** f. qc.	empfehlen
suggérer		nahelegen
und nach:		
reprocher		vorwerfen
souhaiter		wünschen

§ 53 Einige wichtige Verben mit unterschiedlicher Infinitivergänzung

1. **arriver**
   J'arrive **à** ouvrir la boîte.   Es gelingt mir, etwas zu tun.
   Il m'arrive **d'**oublier mes clefs.   es kommt vor, daß ich ...

2. **commencer à** faire qc.   anfangen, etwas zu tun
   commencer **par** f. qc.   etwas als erstes/zunächst tun

3. **décider de** f. qc.   beschließen, etwas zu tun
   être décidé **à** f. qc.   entschlossen sein, etwas zu tun
   se décider **à** f. qc.   sich entschließen, etwas zu tun
   décider qn. **à** f. qc.   jemanden dazu bringen, etwas zu tun

120

4. **demander à** f. qc.	verlangen (selbst), etwas zu tun
demander à qn. **de** f. qc.	jemanden (anderen) bitten, etwas zu tun
5. **finir de** f. qc.	aufhören/damit fertig sein, etwas zu tun
finir **par** f. qc.	etwas schließlich/zuletzt (doch) noch tun
6. **forcer** / **obliger** } qn. **à** f. qc.	jemanden zwingen, etwas zu tun
être forcé / être obligé } **de** f. qc.	gezwungen sein, etwas zu tun
7. **penser à** f. qc.	daran denken, etwas zu tun
penser f. qc.	1. vorhaben, etwas zu tun
	2. glauben, etwas zu tun
8. **venir** f. qc.	kommen, um etwas zu tun
venir **de** f. qc.	soeben etwas getan haben
venir **à** f. qc.:	
S'il venait à neiger...	Sollte es dazu kommen, daß es schneit...

Übungen

I. Complétez éventuellement par «de» ou «à» (§§ 50–52):
1. Il a oublié ..... me prévenir.
2. En été, nous aimons ..... manger dehors.
3. Je désire ..... être reçu par le patron.
4. Son petit frère apprend ..... nager.
5. Il prétend ..... connaître toute l'Europe.
6. Tu n'as pas réussi ..... le persuader.
7. Je te promets ..... te rendre visite.
8. Nos amis regrettent ..... ne pas avoir pu venir.
9. Je n'ose pas ..... le contredire.
10. Je les ai entendus ..... rentrer.
11. Essaie ..... faire plaisir à ta mère.
12. Je préfère ..... boire du café que ..... boire du thé.
13. Nous nous réjouissons ..... vous accueillir.
14. Pourquoi se plaignent-elles ..... avoir été oubliées?
15. Je compte ..... recevoir bientôt de tes nouvelles.
16. Il est très timide et n'ose pas ..... parler.

17. N'oublie pas ..... m'envoyer une carte postale.
18. Elle a refusé ..... faire partie de notre équipe.
19. En ce moment, nous avons beaucoup de choses ..... régler.
20. J'aime ..... écouter de la musique pop, mais j'aime mieux ..... écouter de la musique classique.
21. Consentez-vous ..... organiser une petite fête?
22. Le professeur nous a ordonné ..... nous taire.
23. Michel a réussi ..... trouver la solution du problème.
24. Nos voisins nous accusent ..... être trop distants.
25. Je vous prie ..... bien vouloir m'écouter.
26. Elle espère ..... avoir de beaux cadeaux d'anniversaire.
27. Nous tâcherons ..... être revenus avant la nuit.
28. Tu cherches toujours ..... te mettre en valeur.
29. Tu devrais ..... tenter ..... passer ce concours.
30. Vous n'avez pas osé ..... me téléphoner?
31. Il se repent parfois ..... être aussi sévère.
32. Elle sait ..... plaire à son entourage.
33. Vous craignez toujours ..... froisser (kränken) vos amis.
34. Il nous a défendu ..... fumer chez lui.
35. Je n'hésiterai pas ..... vous rendre ce service.
36. Elle s'est dépêchée ..... ouvrir la porte.
37. Tu as entrepris ..... faire un travail difficile.
38. Le plat semble ..... être exquis.
39. Elle paraît ..... être peinée.
40. Je t'invite ..... manger une glace avec moi.
41. Il s'amuse ..... agacer les gens.
42. Veuillez ..... me répondre par retour du courrier.
43. Mets-toi ..... travailler sérieusement.
44. Ses parents lui ont interdit ..... rentrer si tard.
45. Je crois ..... avoir compris.
46. Il est ..... souhaiter que le temps s'arrange.
47. J'ai deux mots ..... lui dire.
48. Vous souvenez-vous ..... avoir fait cette réflexion?
49. Propose-lui ..... faire une excursion.
50. Je m'étonne ..... te voir réagir ainsi.
51. Tu dois ..... le remercier ..... t'avoir autant gâté.
52. Tout le monde l'encourage ..... continuer dans cette voie.
53. Applique-toi ..... bien faire ta traduction.
54. Renoncez ..... vouloir toujours ..... avoir raison.
55. Il est grand temps ..... partir.
56. Elle passe son temps ..... faire des travaux manuels.
57. J'ai mis un certain temps ..... peindre ce tableau.

58. Ils n'ont pas le temps ..... passer ..... nous voir.
59. J'avoue ..... aimer la bonne cuisine.
60. Je tiens ..... connaître immédiatement la réponse.
61. Tu mérites ..... avoir beaucoup de succès.
62. Elle affirme ..... pratiquer plusieurs sports.
63. Aide-moi ..... porter cette grosse caisse.
64. Il vous reste encore quelques leçons ..... étudier.
65. Il commence ..... nous ennuyer.
66. Mon frère a failli ..... tomber de l'échelle en cueillant des cerises.
67. Il faut absolument rentrer ..... préparer le repas.
68. Défends-lui ..... lancer des pierres sur les voitures qui passent.
69. Nous nous sommes résignés ..... ne pas partir en vacances cette année.
70. Il est très sensible; il faut ..... éviter à tout prix ..... le vexer.

II. Complétez par «de», «à» ou «par» où c'est necessaire (§ 53):
1. Je demande ..... être servi rapidement.
2. Cet après-midi il viendra ..... chercher ses livres.
3. Un jour elle se décidera bien ..... venir ..... nous voir.
4. Il est obligé ..... passer cet examen avant fin mai.
5. Je vous demande ..... m'apporter la carte.
6. J'ai décidé ..... ne plus penser à cette histoire.
7. Que penses-tu ..... faire ce soir?
8. Le commandant a forcé les soldats ..... traverser la rivière à la nage.
9. Il n'était pas d'accord au début, mais il a quand-même fini ..... nous aider.
10. Nous avons décidé ..... acheter un nouveau téléviseur.
11. Nous sommes forcés ..... vous faire ..... savoir les fâcheuses circonstances de cet accident.
12. Je demande ..... parler au directeur.
13. Je l'ai décidé ..... sortir avec moi ce soir.
14. Elle n'a toujours pas fini ..... essuyer la vaisselle.
15. Je crois qu'il commence ..... pleuvoir.
16. Elle ne s'est pas encore décidée ..... acheter un aspirateur.
17. Je lui demande ..... faire ce travail correctement.
18. Tu peux m'aider, s'il te plaît? Je n'arrive pas ..... fermer la fenêtre.
19. S'il venait ..... mourir, je ne sais pas comment je pourrais vivre sans lui.
20. As-tu pensé ..... poster la lettre?
21. Est-ce que cela vous arrive parfois ..... caler le moteur de votre voiture?
22. Elle commença ..... nous flatter et finit ..... nous injurier.
23. Ne m'oblige pas ..... te dire la vérité.
24. Il pensait ..... lui faire plaisir, mais en vérité il n'a fait que la vexer.

25. Il nous faut ..... trouver un autre surveillant pour cette excursion. Tu ne peux pas décider ton collègue ..... nous accompagner?
26. A-t-il terminé ses devoirs? – Oui, il vient ..... les finir.
27. Le proviseur demande ..... nous voir.
28. Quand viendra-t-il enfin ..... payer ses dettes?
29. Il ne vient jamais ..... nous rendre visite; je finis ..... croire qu'il est fâché avec nous.
30. Demande-lui ..... t'aider ..... faire cet exercice de grammaire.

Elle a ajouté qu'ils prendraient le train deux jours plus tard.
Elle m'a promis que Luc me téléphonerait quand ils seraient arrivés à la gare de l'Est.
Elle m'a dit qu'elle me souhaitait bon courage pour mon travail.

Übungen (S. 90, 91 und S. 92)

I.

Mireille affirmait ...
1. qu'elle aurait dû se coucher plus tôt.
2. qu'elle avait mal dormi la nuit précédente (d'avant).
3. qu'elle avait froid.
4. qu'elle allait prendre un bon bain chaud.
5. qu'elle se sentirait mieux après.
6. qu'ainsi elle aurait mieux commencé la journée.

II.

Je te demande/Dis-moi ...
1. ce que tu en penses.
2. si tu as déjà lu ce livre.
3. quand tu l'auras terminé.
4. si tu pourras me le rendre la semaine prochaine.

III.

Mireille m'a demandé ...
1. ce que j'en pensais.
2. si j'avais déjà lu ce livre.
3. quand je l'aurais terminé.
4. si je pourrais le lui rendre la semaine d'après (suivante).

IV.

Les Dubois nous ont raconté ...
1. qu'ils étaient allés en Autriche.
2. qu'ils en gardaient des souvenirs merveilleux.
3. qu'ils y retourneraient l'été suivant.
4. qu'ils nous montreraient leurs photos quand ils les auraient développées.
5. que nous pourrions y aller ensemble l'année suivante.

V.

Pierre voulait savoir . . .
1. si la région parisienne était surpeuplée.
2. si ce serait pire dix ans plus tard (après) et si on pourrait encore construire d'autres immeubles.
3. où nous avions garé notre voiture pendant notre séjour à Paris.
4. quand les Français auraient compris que vivre en province serait plus agréable.

VI.

Les voisins des Meunier ont déclaré . . .
1. qu'ils (= les Meunier) faisaient trop de bruit.
2. qu'ils avaient été gênés la veille.
3. qu'ils devraient être plus discrets le lendemain.
4. qu'ils auraient enfin la paix quand ils auraient quitté le quartier.

VII.

1. B. a dit à N. qu'elle était gentille de lui donner un coup de main, car il y avait encore beaucoup à faire.
2. N. lui a répondu qu'elle allait garnir les plats de viande, s'il voulait.
3. B. lui a raconté qu'il en avait déjà préparé deux, mais que ça ne suffirait pas pour tant de personnes et qu'il en fallait encore un.
4. N. lui a demandé où il avait rangé la viande et elle a ajouté qu'elle ne la voyait pas dans le frigidaire.
5. B. a repris que, comme la cave était bien fraîche, il y avait descendu les rôtis.
6. N. a répliqué qu'elle aurait dû apporter des cornichons et du persil pour décorer le plat.
7. Mais B. a assuré qu'elle trouverait tout ça dans la cuisine.
8. N. voulait savoir combien de temps il avait mis à faire toutes ses salades.
9. B. s'est plaint qu'il y avait passé au moins trois heures et qu'il ne l'aurait jamais cru.
10. N. a promis qu'elle couperait du pain et sortirait les verres du placard quand elle aurait terminé ce plat.

11. B. a admis qu'il aimerait bien et a affirmé qu'il allait mettre les fleurs dans un vase pendant ce temps et qu'il disposerait les amuse-gueule dans de petits raviers.
12. N. a demandé s'ils prendraient l'apéritif avec les premiers invités qui arriveraient ou s'ils attendraient un peu.

Der Konjunktiv

§ 41 und § 42

Übungen (S. 96-97)

I.

1. partiez /2. nous servions /3. ailles /4. soit /5. puisse
6. écrive /7. obéisses /8. fassent /9. soit /10. n'aies pas
11. se mette, dise /12. puisse /13. punisse /14. n'aie /15. donniez
16. ne viennes pas /17. commettent /18. ne veuillent plus
19. apprenne /20. soit /21. invitions /22. nous taisions
23. restions /24. écoutiez /25. entendions

II.

1. buvions /2. ne mettait pas /3. avait téléphoné /4. réponde
5. arrivions /6. aviez déjà déjeuné /7. feras /8. travaillez (n'avez pas travaillé) /9. aient /10. allait /11. tient /12. sont
13. fassent /14. arriveraient /15. emmeniez /16. offrait /17. ne connaisse pas /18. soit /19. avons attendu /20. quittions
21. dise /22. alliez vous fiancer (vous fianciez) /23. réussissiez
24. vous donnez /25. fasse

§ 43-47

Übungen (S. 100-102)

I

1. N'ayant pas envie d'attendre plus longtemps, elle partit subitement.
2. Les lettres venant d'Espagne mettent cinq à six jours.
3. Aimant s'entourer d'amis, elle n'hésite pas à lancer des invitations.
4. Le lait étant resté sur la table a tourné.
5. Elle continuait . . . , voyant pourtant mon impatience.
6. Riant à cœur joie, elle ne pensait plus à ses problèmes.
7. Tu te lèves trop tard, sachant pourtant que tu arrives toujours en retard.
8. Un jeune Français, habitant Nice, aimerait venir en Allemagne.
9. Ne voulant pas insister sur la question, je préfère parler d'autre chose.
10. Déployant toutes leurs forces, ils arrivèrent au sommet.

II.

1. Elle écoute toujours la radio en faisant ses devoirs.
2. Ils nous ont salué en nous souriant.
3. En prenant régulièrement ton médicament, tu n'aurais pas toujours mal à la tête.
4. N'oubliez pas de fermer la porte en sortant.
5. Elle a quitté la pièce en se fâchant.
6. En regardant ces prospectus, j'ai envie de partir en vacances.
7. En lui parlant raisonnablement, tu pourrais peut-être la convaincre.
8. Elle a fait fortune en chantant.
9. Vous auriez assez d'argent pour acheter ce bateau en faisant des économies.
10. Les danseurs traversèrent la salle en tourbillonnant.

III.

1. En prenant l'avion, vous serez à Alger ce soir.
2. L'été étant fini, il faut rentrer les meubles de jardin.
3. Connaissant pourtant mes goûts, elle s'obstine à m'offrir n'importe quoi.
4. Il s'est tordu la cheville en sautant.
5. Etant très sympathique, ce serveur a de gros pourboires.
6. Ils nous ont dit au revoir en nous embrassant.
7. En s'appliquant, il pourra faire des progrès.

8. Une jeune femme, faisant le ménage chez un médecin, s'est présentée chez nous.
9. Nous reconnaissant, le chien a accouru vers nous.
10. Commençons à manger en écoutant les informations.

IV.

1. montantes /2. venant /3. regardants /4. roulants
5. suffisant /6. piquante /7. promettant /8. hurlant
9. trépidante /10. trépignant

V.

1. Ne voyant pas le danger, il n'a pas freiné.
2. Il a couru à toute vitesse sur le sable brûlant.
3. En fumant moins, tu pourrais économiser beaucoup d'argent.
4. Il écoutait de la musique (tout) en faisant ses devoirs.
5. Il m'offre toujours des cigarettes, sachant pourtant que je ne fume pas.
6. Les enfants, jouant dans la rue, habitent dans cette tour.
7. C'est une histoire amusant tout le monde.
8. On entretient (soigne) sa voiture en la lavant régulièrement.
9. Si/Quand M. Leroc quitte la maison tard, sa femme ne peut pas aller à la piscine.
10. En quittant la maison tard, M. Leroc évite les embouteillages.

Konjunktionen und Präpositionen

§ 48

Übungen (S. 105–106)

I.

1. jusqu'au coucher /2. avant que /3. après /4. dès que
5. sans /6. selon que /7. depuis /8. selon /9. avant
10. après qu'elle /11. sans que /12. quand (lorsque) /13. pendant

que /14. jusqu'à ce que /15. malgré /16. pendant /17. pour que /18. dès /19. quoique (bien que) /20. depuis que 21. jusqu'à /22. après /23. lors /24. pour

II.

1. eut appris /2. fonde /3. retentisse /4. sois /5. a fait
6. sort /7. verront /8. comprenne /9. punissent /10. ont
11. connais /12. prenais /13. auras /14. pensais /15. ait
16. fasse /17. vienne /18. seras /19. convienne /20. suffise
21. soit /22. permette /23. donnez /24. arriverais
25. fasse /26. comprenne

III.

1. Il va travailler bien qu'il soit malade.
2. Elle jouait du piano pendant que son frère faisait une traduction.
3. Nous nous sommes ennuyés à cette soirée parce que nous ne connaissions personne.
4. Comme vous êtes restés trop longtemps au soleil, vous vous êtes brûlé la peau.
5. Michel a fait des progrès si bien que ses parents sont contents.
6. Michel fait des efforts afin que ses parents soient contents.
7. J'aimerais vivre dans ce pays à condition que le gouvernement change.
8. Nous ferons du camping pourvu qu'il fasse beau.
9. Elle est sortie sans que je l'aie entendue.
10. Tu devras patienter jusqu'à ce que je revienne.
11. Demande pardon à ton père avant qu'il t'interdise de sortir.
12. Elle est gentille avec tout le monde de sorte qu'elle est toujours très sollicitée (si bien qu'elle est toujours très sollicitée).

§ 49

Übungen (S. 111–113)

I.

1. au /2. dans /3. à, au /4. dans /5. au, au /6. au
7. à /8. à, dans /9. dans le /10. – /11. aux /12. –
13. au /14. à / 15. en /16. à, dans /17. en /18. dans le, au

19. au   / 20. -   /21. en   /22. en, en   /23. dans
24. en, à   / 25. aux, aux   /26. d'ici   /27. dans   /28. en   /29. en
30. aujourd'hui en huit

II.

1. sur   /2. par   /3. près de   /4. dans   /5. de   /6. chez
7. lors de   /8. auprès de   /9. malgré
10. jusqu'   /11. à, à   /12. pour   /13. jusqu'á ce qu'
14. jusqu'à   /15. à l'exception de   /16. à quelques détails près
17. Il y a une semaine j'étais encore à Bordeaux.   /18. de, à
19. il y a   /20. avant   /21. avant   /22. il y a, avant   /23. devant
24. récemment   /25. la veille de

III.

1. dans   /2. dans   /3. à   /4. sur   /5. d'après   /6. dans
7. sur   /8. du   /9. avec   /10. dans   /11. en   /12. sur
13. dans   /14. sur   /15. sur   /16. sur   /17. pour   /18. dans
19. dans, dans   /20. dans   /21. de   /22. en ce   /23. à
24. dans   /25. sur   /26. à

Verben mit Infinitiv

Übungen (S. 121-124)

I.

1. de   /2. -   /3. -   /4. à   /5. -   /6. à   /7. de   /8. - (de)
9. -   /10. -   /11. de   /12. -, de   /13. de   /14. d'
15. -   /16. -   /17 de   /18. de   /19. à   /20. -, -   /21. à
22. de   /23. à   /24. d'   /25. de   /26. -   /27. d'   /28. à
29. -, de   /30. -   /31. d'   /32. -   /33. de   /34. de
35. à   /36. d'   /37. de   /38. -   /39. -   /40. à   /41. à
42. -   /43. à   /44. de   /45. -   /46. à   /47. à   /48. d'

31

49. de /50. de /51. -, de /52. à /53. à /54. à, -
55. de /56. à /57. à /58. de, - /59. - /60. à /61. d'
62. - /63. à /64. à /65. à /66. - /67. - /68. de
69. à /70. -, de

II.

1. à /2. - /3. à, - /4. de /5. de /6. de /7. -
8. à /9. par /10. d' /11. de, - /12. à /13. à /14. d'
15. à /16. à /17. de /18. à /19. à /20. à /21. de
22. par, par /23. à /24. - /25. -, à /26. de /27. à
28. - /29. -, par /30. de, à

Training
Französische Grammatik

Sekundarstufe II

Lösungsheft

Von Monique Kramer-Litwin

Ernst Klett Verlag
Stuttgart Düsseldorf Leipzig

Alle Rechte vorbehalten.
Fotomechanische Wiedergabe nur mit Genehmigung des Verlages.
© Ernst Klett Verlag für Wissen und Bildung GmbH, Stuttgart 1985
Satz: G. Müller, Heilbronn
Druck: Wilhelm Röck, Weinsberg
Beilage zu 3-12-922142-5

Lösungen

Der Artikel

Überprüfen Sie Ihren Wissensstand (S. 9)

1. un, de /2. les /3. de /4. un /5. d' /6. les
7. des, des /8. d', un /9. de /10. - /11. de, de /12. de la
13. de /14. au, en

Übungen (S. 16–19)

I

Une vocation de médecin
2. - /3. une /4. d', de /5. la, des, -, du, de la, de l', une
6. l', les, les, un, -, -, -, - /7. le, -, la, -, au, aux /8. -, -, le, une
9. -, la, -, -, de(s), le, -, des, -, la, la /10. -, au, de, -, le, la

Des vacances réussies
2. l', la, une, les, des /3. une, d' /4. la, le, l', de /5. au /6. un, la, du, du, du, du, des /8. des, des, des, du, du, de la, d', de, les, le, de
9. de, de /10. un, de, -, la, -, -, -, les, l', la /11. une /12. une, la, de, d', un, un, de /13. de, des

II.

1. des, une, de, un, de /2. de /3. des, des /4. de /5. de, d'
6. l', la, l', la, la, le, le, d' /7. en, en, en, en, au, au, l' /8. une, les, les, les, les, les, le /9. un, - /10. les /11. une, la /12. de la
13. des /14. - /15. le, l' /16. de la /17. le, du /18. de(s)
19. de /20. -, -

III.

1. Je n'aime pas les plantes en pots, apporte-moi des fleurs.
2. Qu'avez-vous rapporté du Maroc?
3. Les pâtes sont le plat national des Italiens.
4. Le mercredi, je fais toujours mes courses.
5. Vendredi prochain, j'irai au cinéma.
6. Ces collègues ont passé un an en Argentine.
7. Prenez-vous un autre verre de vin?
8. J'aimerais bien des petits cornichons.
9. Le Dr. Grilly, médecin de campagne à La Motte, a beaucoup de clients.
10. Chaque matin, elle fait de la gymnastique.
11. Beaucoup d'écrivains ont choisi l'amour comme sujet.
12. J'aime bien grignoter, mais je ne mange jamais de friandises.
13. Offre-lui donc une carafe en (de) cristal et du cognac.
14. Parfois on a besoin d'aide.
15. Nous les connaissons bien, mais ce ne sont pas des amis.
16. La maison des Gastiaud est meublée d'antiquités.
17. Cette année, nous n'avons pas acheté de disques; nous avons déjà assez de musique classique.
18. Comme les élèves étaient très bruyants, le professeur a perdu patience.
19. Nous n'avons jamais eu de difficultés avec les voisins.
20. Combien d'enfants ont les Loisel?

IV.

Texte A

1. le   /2. le   /3. la   /4. l'   /5. de(s)   /6. de l'   /7. l' (un)
8. des   /9. le   /10. les /11. des /12. les   /13. le
14. de   /15. de   /16. l'

Texte B

1. l'   /2. la   /3. la   /4. le   /5. la   /6. au   /7. de(s)   /8. de
9. la   /10. la   /11. -   /12. la   /13. le   /14. la
15. la   /16. des /17. d'   /18. des /19. les /20. la   /21. de
22. de   /23. -   /24. la   /25. un   /26. la   /27. un
28. de   /29. la   /30. de   /31. un   /32. la   /33. le
34. la   /35. le

Das Nomen

§ 7

Übungen (S. 24-27)

I

1. la /2. le /3. la /4. le /5. la /6. la /7. le /8. la
9. le /10. le /11. le /12. la /13. la /14. le /15. la
16. la /17. le /18. la /19. la /20. une /21. le
22. une /23. la /24. la /25. un /26. une /27. la
28. la /29. la /30. la /31. le /32. le /33. le /34. le
35. la /36. une /37. le /38. le /39. la /40. la /41. le
42. une /43. la /44. le /45. la /46. un /47. la
48. le /49. le /50. la /51. le /52. le /53. un /54. le
55. la /56. la /57. la /58. le /59. le /60. le /61. une
62. la /63. la /64. le /65. la /66. la /67. la /68. la
69. le /70. la /71. la /72. un /73. la /74. la /75. la
76. le /77. le /78. la /79. le /80. la /81. le /82. une
83. la /84. le /85. le /86. la /87. la /88. la /89. la
90. le /91. le /92. la /93. la

II.

1. une /2. la /3. le, court /4. la, déchirée /5. le moral, excellent /6. le /7. la partie, terminée /8. la /9. un
10. le / 11. le /12. la /13. la morale /14. la /15. le parti
16. le, son /17. la /18. le /19. la /20. le / 21. le
22. la / 23. la

III.

1. la /2. - (le) /3. une, un /4. le /5. le /6. une nouvelle
7. la /8. le /9. la /10. un grand /11. le /12. le
13. le /14. la /15. la /16. un /17. son /18. le
19. le / 20. cette /21. le /22. la /23. le /24. le, ensoleillé, le

5

IV.

1. Cet opéra ne m'a pas plu.
2. Elle est peintre.
3. Cette femme est le seul témoin de l'accident.
4. Le chocolat que tu as acheté est très bon.
5. Notre voisine est Américaine.
6. Dans ce pays, il n'y a pas beaucoup de femmes diplomates.
7. Elle est connaisseur en vin.
8. Cette cliente est très désagréable.
9. J'admire cette chanteuse.
10. Elle a le physique d'une actrice.
11. C'est la plus grande menteuse que je connaisse.

§ 8

Überprüfen Sie Ihren Wissensstand (S. 28)

1. les tuyaux
2. les genoux
3. vos laisser-passer
4. les détails
5. ces clous
6. des récitals
7. des chandails
8. les soupiraux
9. des porte-couteau
10. les bureaux
11. ces lance-pierres
12. les livres de bord
13. «Les Faux Monnayeurs»
14. des maisons de santé

Übungen (S. 31–32)

I.

1. clous /2. récitals /3. chevaux /4. vitraux /5. canaux
6. écriteaux /7. portails /8. chacals /9. sous /10. bijoux
11. bocaux /12. pneus /13. métaux /14. jeux /15. feux
16. Etats-Unis, adieux /17. noyaux /18. aveux /19. baux
20. barreaux /21. chenaux /22. bleus /23. hiboux
24. pieux /25. bals /26. bateaux

II.

les grands-ducs
les brise-glace
les dîners de gala
les cure-dents
les contre-mesures
les monte-plats
les arrière-gardes
les demi-sommeil
les sous-titres
les abat-jour
les gâteaux au fromage
les oiseaux-mouches
les pique-niques
les grand-routes
les chasse-mouches
les avant-toits
les clins d'œil
les casse-croûte
les demi-soupir
les cache-pot
les grands-oncles
les gardes-chasse
les servo-freins
les bêtes à cornes
les avant-guerres
les porte-plume
les tire-bouchons
les presse-papiers
les coups de théâtre
les avant-scènes
les arcs-en-ciel
les souffre-douleur
les Etats-majors
les gardes-barrière

les demi-ton
les Hispano-Américains
les claires-voies
les couvre-lits
les choux-raves
les vers à soie
les coupe-faim
les grand-messes
les garde-boue
les sous-sols
les basses-cours
les avant-veilles
les contre-indications
les demi-teinte
les prie-Dieu
les robes du soir
les croque-morts
les arrière-goûts
les timbres de quittance
les demi-place
les brûle-parfum
les arrière-pensées
les aides de camp
les contre-offensives
les grand-tantes
les sous-vêtements
les chefs-lieux
les thés au citron
les arcs-boutants
les chefs-d'œuvre
les chevaux-vapeur
les professeurs de piano
les Nord-Africains
les arrière-plans

Die Begleiter und Pronomen

§ 9 und § 10

Übungen (S. 35)

I.

1. celle /2. celui /3. celui-ci, celui-là /4. ceux /5. ce
6. celle /7. ce /8. ceux-ci, ceux-là /9. il /10. cela (ça)
11. ceux /12. c' /13. ceci, cela /14. cela (ça) /15. celle
16. ceux /17. celle /18. c' /19. il /20. ceci (cela)
21. ce /22. ceci, cela /23. ceux /24. il /25. ceci, cela

II.

1. il /2. c' /3. il /4. cela /5. c' /6. cela /7. il
8. c' /9. cela /10. c'

§ 11 und § 12

Übungen (S. 37-38)

I.

1. ses /2. vos /3. ton, ma /4. leurs /5. mes, mon, ma, mon
6. leur /7. son /8. son, sa /9. leur /10. leurs /11. ses, leurs

II.

1. la mienne /2. le leur /3. le vôtre /4. le tien /5. les siens
6. des vôtres /7. la sienne /8. les leurs /9. le sien /10. le nôtre

III.

1. Monsieur Lecomte, vous oubliez de fermer votre voiture.
2. Mademoiselle Roux a perdu ses parents dans un accident de voiture.
3. Claude sort souvent avec sa petite amie, mais on ne voit jamais Daniel avec la sienne.
4. Maintenant, vous avez vu ma maison; pourrai-je visiter la vôtre, un jour?

§ 13

Übungen (S. 41-42)

I.

1. dont /2. qui /3. que /4. où /5. qui /6. qui
7. dont /8. dont /9. que /10. dont /11. laquelle
12. d'où /13. lesquels /14. qui /15. que /16. dont
17. lesquels /18. où /19. auxquelles /20. dont /21. qui
22. desquels

II.

1. ce dont /2. ce qui /3. ce à quoi /4. ce que /5. ce dont
6. ce à quoi /7. ce qu' /8. ce qui /9. ce que /10. ce dont

III.

1. Le village au milieu duquel il y a une fontaine semble (paraît) abandonné.
2. La fête à laquelle le président a assisté a été un succès.
3. La ville dont nous avons visité les musées a mille ans.
4. La catastrophe qu'on a montrée à la télévision s'est produite (est arrivée) en Alsace.
5. La question à laquelle tu ne t'attendais pas t'a déconcerté(e).
6. Les invités parmi lesquels se trouvaient deux Hollandais sont repartis ce matin.
7. Les parents avec lesquels nous sommes allés à Munich se sont plu en Allemagne.
8. Les appareils dont tu te sers ne sont jamais remis à leur place (... jamais rangés).
9. Les régions où viennent beaucoup de touristes sont surpeuplées en été (l'été).
10. Les livres que tu m'as prêtés m'ont beaucoup plu.

IV.

1. Les élèves dont le professeur s'est plaint ne font pas attention.
2. Je lui ai rappelé notre invitation qu'il avait oubliée.
3. La ville de Troyes qui est un grand centre culturel est située en Champagne.
4. Nos voisins dont les enfants sont très bien élevés viennent ce soir.
5. Les fleurs que mon fils m'a offertes sont magnifiques.
6. C'est une amie fidèle pour qui j'ai de l'amitié.
7. J'ai reçu des cartes postales sur lesquelles je ne comptais pas.
8. Montrez-moi le livre de cuisine dont vous m'avez beaucoup parlé.
9. C'est une bonne nouvelle à laquelle je ne m'attendais pas.
10. Le jardin qui s'étend autour de la maison est splendide.
11. Lis mon exposé auquel je travaille depuis quinze jours.

V.

1. que /2. qui /3. dont /4. dont /5. qui /6. que
7. dont /8. laquelle (d'ou) /9. qui /10. lequel /11. ce dont
12. auquel

§ 14 und § 15

Übungen (S. 45–46)

I.

1. toutes /2. tous /3. chacun /4. toutes les /5. chaque
6. tous les /7. tout /8. chacune /9. chaque /10. chaque
11. toutes les /12. tout /13. chacun /14. toutes /15. chaque
16. tous /17. toute la

II.

1. Personne ne l'a vu.
2. Elle a reçu plusieurs (quelques) lettres d'Amérique.
3. Cet auteur a écrit beaucoup de romans dont quelques-uns ont été un succès.
4. Ces gens ne possèdent pas une seule (aucune) maison.

5. Je n'ai rien bu avant de me mettre au travail.
6. Dans cet endroit, on rencontre quelqu'un.
7. . . . Je n'en prends aucun (pas un seul).
8. Elle m'a tout dit (elle m'a dit quelque chose).
9. . . . Il en a eu plusieurs (quelques-unes) . . . .
10. Je ne vois personne à la caisse.

III.

1. Nous avons passé quelques jours à Tours.
2. Toutes les maisons de ce quartier sont à vendre (en vente).
3. Chacune a deux étages.
4. Le vent souffle de tous les côtés.
5. Beaucoup d'amis sont venus nous voir (nous rendre visite) mais quelques-uns ne sont restés qu'une heure.
6. Il ne peut rien nous prêter.
7. Tu dois lui dire quelque chose.
8. Tous étaient prêts pour le départ (prêts à partir).
9. Il ne faut pas tout croire.
10. Personne ne nous a invité(e)s à cette fête.
11. Chacun de ses frères est devenu médecin.
12. Tous ses livres se vendent bien.
13. Il est parti (allé) à l'école sans rien dire.
14. Les élèves se lèvent tous quand le directeur entre.
15. Qui a dépensé tout l'argent?
16. Nous n'avons pas eu un seul jour de pluie.
17. Cet établissement est uniquement pour certaines personnes.
18. Donne-moi quelques conseils pour notre voyage.
19. Cet enfant connaît plusieurs poésies (poèmes) par cœur.
20. Ne dis pas n'importe quoi à n'importe qui.

IV.

1. tout le monde /2. tous /3. tous /4. tout le monde
5. tout le monde /6. tous /7. tous /8. tout le monde

§§ 16-20

Übungen (S. 51-53)

I.

1. Elle vous en raconte.
2. Elle les leur a racontées.
3. Je vous le recommande.
4. Il nous en a offert.
5. Elle te les a apportées.
6. Ne l'oblige pas à en reprendre.
7. Demandez-lui . . . .
8. M. Michelet se les est fait couper . . . .
9. Nos voisins en ont quatre.
10. Nous l'entendons gronder.
11. Ses parents ne peuvent pas le lui offrir.
12. Il faut l'avoir vu.
13. Le voyez-vous passer au loin?
14. Pourquoi pars-tu sans elle?
15. Tu ne peux pas rester plus longtemps chez eux.
16. Ils en ont en Angleterre.
17. Nous leur en avons parlé.
18. Je l'ai entendu souffler toute la nuit.
19. Voulez-vous les leur emporter?
20. Mets-le.
21. Ne les mets pas.
22. Quand les lui rendras-tu?
23. Brigitte lui en achète un.
24. Prenez-en.
25. N'en mangez pas.
26. Luc pense souvent à elle.
27. Retirez-en assez . . . .
28. Je ne veux pas y toucher.

II.

1. Elle en a beaucoup . . . .
2. Ne t'en occupe pas.
3. Combien en as-tu commandé?

4. Pensez-y.
5. En as-tu sorti les bouteilles?
6. Rangez-y vos affaires.
7. Les spectateurs en ont félicité le gagnant.
8. Nous y déposons notre amie.
9. Tu en dépenses trop.
10. Jetez-y un coup d'œil . . . .
11. N'y fais pas attention . . . .
12. Nous y avons trouvé des coquillages magnifiques.

III.

1. Je vais te le dire.
2. Je te l'ai dit.
3. Nous devons le leur rendre.
4. Je vais la faire venir.
5. Allez le voir.
6. N'allez pas le voir.
7. Nous en avons entendu parler.
8. Je voudrais (j'aimerais) vous en parler.
9. Laisse-moi parler.
10. Laissez-le entrer.
11. Ne l'accepte pas.
12. Le lui as-tu déjà raconté?
13. Qui le lui a offert?
14. Il danse avec elle.
15. Attendez-nous.
16. Mangez sans moi.
17. Ne comptez pas sur eux (elles).
18. Il ne travaille que pour elle.
19. Nous n'avons rien contre toi.
20. Ne parle pas toujours d'eux (elles).
21. Ne le laissez pas partir avec elle.
22. N'y pense plus et n'en parle plus.
23. Ne la crois pas.
24. Dis-le-nous.
25. Je vais vous y conduire (vous conduire là-bas).

26. Pauline est en Angleterre; elle en reviendra bientôt (elle va bientôt en revenir).
27. Aimes-tu le cinéma? Nous pourrions y aller.
28. Mes clés ne sont plus sur la table! Je les y avais pourtant posées (mises).
29. Qui a joué cette carte, toi ou moi?
30. Cette robe? Je l'ai fait faire sur mesures.

IV.

1. Mes élèves en sont revenus fatigués.
2. Tu parles mal d'eux.
3. Ne vous en approchez pas.
4. Nous y avons assisté.
5. Marianne s'occupe très bien de lui.
6. Elle lui ment souvent.
7. Je vous en remercie.
8. Les employés de ce bureau ont peur de lui.
9. Je me souviens bien d'eux.
10. Tu peux en être fier.
11. Vous devez vous y mettre.
12. Les enfants des Legrand ne leur ressemblent pas.
13. J'en ai envie.
14. Elle n'y a jamais cru.
15. Il n'est pas content d'eux.
16. Il en est fâché.
17. Nous n'y étions pas préparés.
18. Ils ne s'en sont pas aperçu.

§ 21 und § 22

Überprüfen Sie Ihren Wissensstand (S. 54)

1. quelles /2. qu'est-ce que /3. qu'est-ce qui /4. quoi
5. qui /6. lesquels /7. quoi/lesquelles /8. ce que, quoi
9. qui /10. auxquels/auquel/à qui

Übungen (S. 56–57)

I.

Dites-moi . . .
1. qui a téléphoné.
2. de qui il parle.
3. à qui vous écrivez.
4. ce qui est arrivé.
5. qui vous voulez voir.
6. ce que vous désirez.
7. à quoi vous rêvez.
8. de quoi il s'agit.
9. ce qu'on vous a conseillé.
10. ce qui a transformé votre vie.
11. qui vous avez rencontré.
12. sur quoi vous comptez.
13. ce que vous vous imaginez.
14. quelles régions de France vous préférez.

II.

1. Qui a gagné . . . ?
2. Qu'est-ce que le gagnant a remporté?
3. A quoi servent ces appareils?
4. A qui est ce bateau?
5. De quoi a-t-elle peur?
6. A quoi cet enfant consacre-t-il trop de temps?
7. Avec quoi as-tu coupé le rôti?
8. Quelle heure est-il?
9. Quelle pièce (la pièce de qui) as-tu préférée?
10. Quelle robe vas-tu acheter?
11. Qui a écrit plusieurs romans célèbres?
12. Quel âge a Danièle?
13. Que fait Nicole?
14. A quoi allez-vous contribuer?
15. Qui a répandu la nouvelle?
16. De qui as-tu fait la connaissance . . . ?

III.

1. De qui parles-tu?
2. Dis-moi de qui tu parles.
3. A quoi penses-tu?
3. Dis-moi à quoi tu penses.
5. Avec qui as-tu fait ce voyage?
6. Avec quoi peins-tu?
7. Qui m'aidera? (Qui va m'aider?)
8. Qu'est-ce que tu cherches? (Que cherches-tu?)
9. Qui avez-vous recontré?
10. De quoi le professeur a-t-il parlé?
11. Raconte-moi quelque chose. – Quoi?
12. A Cologne, il y a beaucoup d'églises. Lesquelles as-tu déjà visitées?
13. Quelles sont tes fleurs préférées?
14. J'aimerais (je voudrais) bien apprendre une langue vivante, mais laquelle?

IV.

1. ce que /2. quoi /3. que /4. quoi /5. qu' /6. lesquels
7. quoi /8. quelles /9. qu' /10. quoi /11. ce qu' /12. ce qui /13. lesquels /14. lesquelles (quoi) /15. ce qui
16. qui (quoi), qui (quoi) /17. lesquelles (quoi) /18. ce que

Das Adjektiv

Übungen (S. 62-63)

I.

1. grosses /2. précieuses /3. navals /4. financière
5. bretonnes /6. basses, anciens /7. active /8. consolatrices
9. grasse /10. mortelles /11. discrète, jalouse /12. brutaux
13. grecque /14. naïves, sottes, cruelles, coquettes, destructrices, banales /15. franche, blanche /16. moqueuse /17. réelle, anciennes /18. libéraux /19. entières /20. publique
21. noirs /22. italienne, espagnole

II.

1. «Bel Ami» /2. club franco-allemand /3. court instant /4. pièce embaumée, odeur fraîche et exquise /5. brioche dure comme de la pierre /6. rideaux rouge foncé, façon très décorative /7. nouvelle secrétaire /8. soirée élégante, robe longue, chaussures habillées
9. propres paroles /10. fille boudeuse, mauvais caractère

III.

1. Notre professeur de géographie est . . .
   a) aussi sévère que celui de français.
   b) plus sévère que celui de français.
   c) moins sévère que celui de français.

2. Nadine est . . .
   a) aussi bonne en dessin que Nathalie.
   b) meilleure en dessin que Nathalie.
   c) moins bonne en dessin que Nathalie.

3. En Corse certaines routes sont . . .
   a) aussi mauvaises qu'en Grèce.
   b) plus mauvaises qu'en Grèce.
   c) moins mauvaises qu'en Grèce.

4. La grippe de Claude est . . .
   a) aussi mauvaise que celle de son frère.
   b) pire que celle de son frère.
   c) moins mauvaise que celle de son frère.

IV.

1. Je n'en ai pas la moindre idée.
2. Elle est extrêmement susceptible.
3. Connais-tu le meilleur restaurant de la ville?
4. Nous avons visité la plus vieille église de la région.
5. Nous avons des rapports amicaux avec ces gens (personnes).

Das Adverb

Übungen (S. 66-68)

I.

1. gentiment   /2. nerveusement   /3. constamment   /4. confusément   /5. tranquillement   /6. vraiment   /7. bruyamment   8. précisément   /9. récemment   /10. absolument

II.

1. Cet ouvrier travaille plus soigneusement que ses collègues.
2. Toute la famille salua poliment.
3. Luc écrit plus lentement que les autres élèves.
4. Ce groupe chante le mieux. (C'est ce groupe qui . . .)
5. C'est à la plage que je m'ennuie le plus.
6. Nous étions dans la région de France où il pleut le moins.
7. Il ne peint pas mal, mais sa femme peint encore mieux.
8. Traverse prudemment la rue.

III.

1. faux, connue   /2. bien, claires   /3. parfaitement   /4. nouveau, bon   /5. rapidement, bas   /6. lentement   /7. extrêmement difficile; gros   /8. lourd   /9. terrible, mauvais   /10. vraiment adroit, gentiment   /11. rapidement, malsain   /12. prudemment, lentement, dangereuses   /13. élégamment, soigneusement   /14. gravement, prochainement

IV.

1. mal   /2. mauvais   /3. mal   /4. mal   /5. mauvais   /6. mauvais

V.

1. bon   /2. bonne   /3. bien   /4. bien   /5. bien   /6. bonne

VI.

1. mieux /2. meilleure /3. mieux /4. meilleure
5. meilleure /6. mieux

VII.

1. très /2. beaucoup /3. très /4. très /5. beaucoup, très
6. beaucoup

Die Zeiten des Verbs

§ 30 und § 31

Überprüfen Sie Ihren Wissensstand (S. 69)

1. avons repassé /2. sont tombés /3. ne s'est pas expliquée /4. ai senties /5. j'ai prises /6. ne s'est pas nettoyé /7. a été /8. a fait /9. a rentré /10. a sauté /11. est disparu /12. as-(tu) installés

Übungen (S. 73-75)

I.

s'est beaucoup ennuyé; a décidé; a ouvert; a pris; a mis; est allé; a sonné; a couru; a répondu; a écrit; est arrivé; a parlé; a cherché; a essayé; n'a pas pu; s'est fâché; l'a traité; a commencé; a quitté; s'est enfermé

II.

1. a dormi /2. est sorti /3. avons pris /4. ont acheté /5. s'est trompé /6. as fait /7. est né /8. est arrivé /9. a aperçu
10. j'ai reçu /11. est retourné /12. ont vécu /13. est descendu
14. est allé, a plu /15. s'est beaucoup amusé

III.

j'ai sorti / je les ai donnés / elle ne les a pas regardés et elle les a jetés / elle m'a dit / elle a regardé / elle a vu / j'ai dit / j'ai essayé / Louisette s'est écartée / elle l'a fait tourner / elle a lâché / elle l'a lâchée / l'avion est parti / tu as fait / j'ai crié / je me suis mis / m'a dit Louisette / il est tombé

IV.

la famille a profité / ils ont marché / Brigitte a butté et est tombée / elle s'est relevée / son genou a commencé / Mme Dupin a proposé / ils se sont dirigés / ils sont entrés et se sont assis / ils ont admiré / le garçon est venu / M. Dupin a commandé / ils ont bu / ils ont payé / Brigitte est allée et a lavé / elle est revenue / ils se sont remis

V.

1. j'ai entendu /2. as descendus /3. se sont offert /4. avez vus
5. a battu, a nagé /6. s'est laissé /7. se sont dit, se sont réconciliés
8. est-elle montée /9. nous sommes fait gronder, sommes revenus
10. l'ai aidée, ne m'a pas remercié

VI.

1. laissé /2. vues /3. fait /4. arrivés, fait /5. laissé
6. essayé, fait

VII.

1. Parle-moi des films que tu as vus.
2. Elle s'est coupé les cheveux elle-même.
3. Je ne l'ai pas laissé se reposer.
4. Nous nous sommes efforcés de leur faire plaisir.
5. Les chiens ont obéi et ont accouru aussitôt.
6. Non, ce ne sont pas les livres que j'ai commandés.
7. Quels amis as-tu invités?
8. As-tu vu combien de robes elle a achetées?
9. J'ai vu qu'elle avait pleuré.

§ 32 und § 33

Überprüfen Sie Ihren Wissensstand (S. 76)

1. faisait /2. sont partis /3. nageait /4. sont arrivés /5. répondait, prenait, communiquait /6. amusions, a commencé /7. s'est approchée, a tendu, a dit, n'avait pas /8. j'ai appris, ne l'ai pas cru /9. entendions, déferlaient

Übungen (S. 78–80)

I.

Un élève rêveur
1. avait /2. retournait /3. n'arrivait pas /4. étaient
5. rêvait /6. a demandé /7. a paru /8. s'est levé /9. est allé
10. a commencé /11. se sont mis /12. s'est fâché /13. a renvoyé /14. a fondu /15. a pris /16. aimait

L'orage
1. était /2. semblaient /3. brillait /4. allaient /5. venaient
6. fêtait /7. s'est assombri /8. ont apparu /9. ne s'en est aperçu /10. a continué /11. entendait /12. volaient
13. agitaient /14. sont tombées /15. avait /16. ont déchiré
17. ont quitté /18. s'est vidée

II.

1. n'a-t-il pas ouvert /2. j'ai sonné /3. devait /4. ne voulait pas
5. j'ai entendu /6. riaient /7. m'a toujours fait /8. avait
9. désirait /10. voyait /11. donniez

III.

Quand nous avons ouvert la porte et que nous sommes (r)entrés dans la maison, nous avons entendu un bruit. Comme la lumière était éteinte, nous avons dû d'abord chercher le commutateur. On avait l'impression qu'il y avait quelqu'un qui nous observait. Enfin Nicole a allumé (la lumière). Nous avons regardé autour de nous, mais nous n'avons rien pu constater. J'ai quitté ma veste et je voulais l'accrocher dans la garde-robe quand j'ai de nouveau entendu quelque chose. Soudain, j'ai vu quelque chose de noir qui bougeait. J'ai reconnu Minette, la chatte (le chat) de nos voisins.

IV.

1. voulais /2. m'a dit /3. n'en était pas /4. n'aimait pas 5. fréquentais /6. faisait /7. j'étais /8. n'avais pas /9. m'a fait /10. m'a dit /11. j'étais /12. j'étais /13. a ouvert 14. a dit /15. m'a embrassé /16. a appelé /17. est venu 18. était /19. avait /20. brillaient /21. avait /22. a commencé /23. ne devais pas /24. avait /25. ai répondu 26. j'avais /27. a semblé /28. a commencé

§ 34

Übungen (S. 80-81)

1. Dès qu'elle m'eut invité à Los Angeles, je pris l'avion pour les Etats-Unis.
2. Quand Mme Dubois avait fait la cuisine, ses enfants attendaient impatiemment l'arrivée de leur père.
3. Après qu'une dernière cliente eut acheté des fleurs, la fleuriste ferma son magasin.
4. Quand il avait regardé trop d'émissions, il s'endormait devant la télévision.
5. Lorsqu'il eut fait quelques pas vers moi, je le reconnus.
6. A peine fut-elle arrivée à la maison que la neige commença à tomber.
7. Quand ils s'étaient entrainés pendant des heures, ils se retrouvaient au café du coin.
8. Lorsqu'il avait décidé quelque chose, nous devions obéir.

§ 35-37

Übungen (S. 82)

1. Je viendrai (je vais venir) ce soir.
2. Dès que nous serons rentrés (revenus) de la piscine, nous préparerons le dîner.
3. L'avocat était d'avis que le témoin ne viendrait pas.

4. Il passera le bac dans deux ans.
5. Sa mère a toujours cru qu'il lui écrirait.
6. Dès que tu auras tondu la pelouse, nous irons en ville.
7. Michel nous a confirmé que sa sœur aurait lu le livre avant Noël.
8. Ses amis pensaient qu'il appellerait (téléphonerait) pour l'anniversaire de son père.
9. Il a promis de payer ses dettes dès qu'il aurait économisé assez d'argent.
10. Attends, je vais te donner quelques fleurs du jardin.

Die Bedingungssätze

Überprüfen Sie Ihren Wissensstand (S. 83)

1. avais   /2. aimes   /3. aviez remonté   /4. aurait   /5. suffirait
6. entends   /7. n'était pas partie   /8. prends   /9. supportais
10. pouvait

Übungen (S. 85–86)

I

A

1. irions   /2. gagnerez   /3. se serait sauvé   /4. serait   /5. auraient été   /6. j'achèterais   /7. n'oublie pas   /8. ferait
9. s'inquiéterait   /10. dois

B

1. j'avais   /2. avait terminé   /3. y penses   /4. lisiez   /5. le lui avaient permis   /6. n'avaient pas téléphoné   /7. aimes   /8. lui confie   /9. j'avais parlé (parlais)   /10. étiez

II.

1. quand   /2. si   /3. si   /4. si   /5. quand   /6. si
7. quand   /8. quand   /9. si   /10. quand

III.

1. Si les Garnier avaient eu de l'argent, ils seraient allés en Angleterre.
2. Si tu ne connais pas les règles du jeu, je vais te les expliquer.
3. Si Isabelle avait été plus appliquée (travailleuse), elle n'aurait pas tant (autant) de problèmes à l'école.
4. Si François trouvait cet appartement (ce logement) assez grand, il le louerait.
5. Si l'Espagne n'était pas si (aussi) loin, nous pourrions y passer une semaine.
6. Montre-moi tes devoirs si tu as déjà fini (terminé).
7. Si Colette y avait pensé, elle t'aurait appelé (téléphoné).
8. Nous n'aurons plus de place(s) de théâtre, si tu n'appelles (téléphones) pas tout de suite.
9. Si les peintres ne font pas de pause de midi, ce soir ils auront tapissé toute la pièce.
10. Si les enfants sont raisonnables, nous les laisserons seuls.

Die indirekte Rede

Überprüfen Sie Ihren Wissensstand (S. 87)

1. L'hôtesse de l'air nous informa qu'elle nous servirait des boissons une demi-heure plus tard.
2. Michel m'a demandé si j'avais envie de faire un match de tennis avec lui ou si j'avais déjà joué la veille.
3. Nos amis nous ont raconté qu'ils iraient passer une partie de l'hiver en Andalousie.
4. Dis-moi ce que tu as acheté au marché.
5. Sa correspondante lui a écrit que quand elle aurait terminé son stage de monitrice, elle viendrait lui rendre visite.
6. Le professeur a dit aux élèves qu'avant ils avaient toujours fait attention et que depuis quelques temps ils étaient distraits.
7. On nous avait prévenus qu' à Paris il était très difficile de trouver un parking et qu'on attrapait facilement un PV.
8. Ma sœur m'a téléphoné que le dimanche précédent elle avait décidé de partir en France avec Luc.